孙伟卿 蒋 主编

电气工程及其自动化专业课程思政案例集

化学工业出版社

·北京·

内 容 简 介

本书介绍了电气工程及其自动化专业课程思政教育的实现路径，赋予专业课程价值引领的重任。书中围绕"自主创新""伟大工程""工匠精神""卓越人物""工程伦理""辩证思维""可持续发展"等课程思政主元素开展课程设计，并融入电气工程及其自动化专业"电路原理""模拟电子技术""数字电子技术""单片机原理""工程电磁场""电工技术基础""电机学""电力电子技术""电力系统分析""电机控制与电力拖动"十门主修课程中。

书中的课程思政教育案例既丰富了课程教学内容，同时也加深了课程教学内容的深度和广度，为专业知识传授和思政教育提供了方法借鉴及生动的结合案例素材。可供相关教师使用，也可作为教育领域相关专业人士的参考或学习用书。

图书在版编目（CIP）数据

电气工程及其自动化专业课程思政案例集/孙伟卿，蒋全，谢明主编. —北京：化学工业出版社，2022.3（2023.5重印）
ISBN 978-7-122-40440-4

Ⅰ．①电… Ⅱ．①孙… ②蒋… ③谢… Ⅲ．①高等学校-思想政治教育-教案（教育)-中国 Ⅳ．①G641

中国版本图书馆 CIP 数据核字（2022）第 029521 号

责任编辑：韩庆利　　　　　　　　　　　　文字编辑：袁　宁
责任校对：杜杏然　　　　　　　　　　　　装帧设计：刘丽华

出版发行：化学工业出版社（北京市东城区青年湖南街 13 号　邮政编码 100011）
印　　装：北京天宇星印刷厂
710mm×1000mm　1/16　印张 $11\frac{3}{4}$　字数 210 千字　2023 年 5 月北京第 1 版第 2 次印刷

购书咨询：010-64518888　　　　　　　　　售后服务：010-64518899
网　　址：http://www.cip.com.cn
凡购买本书，如有缺损质量问题，本社销售中心负责调换。

定　　价：58.00 元

前言

我国全面建成小康社会，进入新时代，正向全面建成社会主义现代化强国目标迈进。"培养什么人、怎样培养人、为谁培养人"成为中国高等教育必须认真思考并回答的根本命题。高校作为人才培养的主阵地，只有坚定贯彻党的教育方针，坚持社会主义大学办学方向，遵循教育为人民服务、为中国共产党治国理政服务、为巩固和发展中国特色社会主义制度服务、为改革开放和社会主义现代化建设服务的基本要求，才能承担起培养担当民族复兴大任的时代新人的历史使命和时代责任。

当前，我国教育与新时代的需要之间还有差距，比如现实教学中，有的政治理论课因为其说教形式而无法引起学生的兴趣；而在专业课教学过程中，有的教师仅注重教学过程和知识点的讲解，缺乏人文关怀、信念信仰和思想方法，没有将思政的"盐"溶入教学的汤中，缺少"德"的元素，不利于学生德智体美劳全面发展。本书针对这些问题，基于三全育人和工程认证的指导思想，结合上海理工大学电气工程及其自动化专业课程中蕴含的丰富的思政元素，通过专业教师对课程的深度挖掘，在已有思政元素的基础上实现进一步拓展和开发，突出专业课程的价值取向，充分体现不同课程的特色与优势，形成特色鲜明、优势突出、交叉互补的课程体系，以期回归教育的本质和初心，将知识传授与价值引领结合，以科学评价提升教学效果。

本书首先介绍了开展课程思政教育的重要意义以及上海理工大学电气工程及其自动化专业课程思政教学的实现路径，在继续巩固思政课程主渠道主阵地作用的基础上，推动课程思政广覆盖，赋予专业课程价值引领的重任，并进一步提升和改善电气工程及其自动化专业的育人成效。本书围绕"自主创新""伟大工程""工匠精神""卓越人物""工程伦理""辩证思维""可持续发展"等课程思政主元素开展课程设计并融入本专业十门主修课程中，具体章节按照课程展开，各门课程的负责教师以及参与课程思政教育案例撰写的教师如下。

　　第一章由张建平、李海英老师负责；第二章由易映萍老师负责；第三章由陈国平、李少龙、姚磊、王陆平老师负责；第四章由夏鲲、罗韡老师负责；第五章由杨芳艳、李正老师负责；第六章由谢明、姜松老师负责；第七章由蒋全、李正老师负责；第八章由袁庆庆、李孜老师负责；第九章和绪论、附录由孙伟卿、韩冬老师负责；第十章由饶俊峰、袁庆庆老师负责；硕士研究生刘晓楠协助编者对本书进行了校验和完善。

　　本书中的课程思政教育案例既丰富了课程教学内容，同时也加深了课程教学内容的深度和广度，为专业知识传授和思政教育提供了方法借鉴及生动的结合案例素材。在本书的编写过程中编者也深刻地感受到，课程思政的内涵博大精深，其中的教学案例生意盎然、充满活力，授课教师的一句话、一个动作、一个小故事、一份小体会，都可能成为生动的课程思政案例。与此同时，伴随我国社会建设的快速发展和中华民族的伟大崛起，越来越多的课程思政案例缤纷涌现，需要广大教师用心体会、悉心凝练。

编者

CONTENTS

目录

目录

CONTENTS

目录

CONTENTS

绪　　论

（一）开展课程思政的重要意义

课程思政可以追溯到改革开放时期。1978 年 4 月，邓小平同志在全国组织工作会议上的讲话提出，要使受教育者从德智体几方面都得到发展，强调把坚定的政治立场、坚定正确的政治方向放在第一位。这里面实际上已经蕴含了学生的思想政治教育。1985 年强调思政课教育要时时穿插各种契合学生需要的时事教育、文学艺术教育、课外活动。整个 20 世纪 80 年代主要讲的是思政课教学，当然也涉及校内与校外、课上与课下之间的协同育人关系，这是思政课向其他课程的融合，但缺少专业课向思政课的融合。1991 年强调课程教学方法的改进，结合课堂教学组织必要的参观调查。特别是 1994 年，提出要进一步发挥全体教职工的育人作用，包括各个专业课的课程思政，让各类学科和课程同德育课有机结合。20 世纪 90 年代中期基本上明确提出课程思政的思想。进入新时期，明确提出"三全育人"，强调了各门课程都具有育人功能，所有教师都负有育人的职责，要把思想教育融入大学生专业学习的各个环节，发掘各类课程的思政要素。

"立德树人"是高等教育的根本任务，同时也是我国建设教育强国的根本任务。

2014 年，中共中央办公厅、国务院办公厅印发《关于进一步加强和改进新形势下高校宣传思想工作的意见》，指出高校是意识形态工作的前沿阵地，做好高校宣传思想工作，加强高校意识形态阵地建设，是一项战略工程、固本工程、铸魂工程，事关党对高校的领导，事关全面贯彻党的教育方针，事关中国特色社会主义事业后继有人，对于巩固马克思主义在意识形态领域的指导地位，巩固全党全国人民团结奋斗的共同思想基础，具有十分重要而深远的意义。

2016 年 12 月，习近平总书记在全国高校思想政治工作会议上指出，要用好课堂教学这个主渠道，使各类课程与思想政治理论课同向同行，形成协同效应。这一新时代教育理念的提出使"课程思政"教学改革进入大众视野，并不断推进高校各类课程教育理念和方法的改革转变。

2017 年，教育部印发《高校思想政治工作质量提升工程实施纲要》，将今后几年高等教育教学改革的重点目标确定为"课程思政"。将思想政治教育贯穿高等教育的全过程。这一重大教学理念的转变是习近平总书记对我国高等教育事业建设的根本要求，也是当代中国高等教育发展的必然选择。我们必须要把思政教育放在世界百年未有之大变局、党和国家事业发展全局中来看待，要从坚持和发展中国特色社会主义、建设社会主义现代化强国、实现中华民族伟大复兴的高度来对待。

2019 年 3 月，习近平总书记在学校思政课教师座谈会上指出，我们办中国特色社会主义教育，就是要理直气壮开好思政课，用新时代中国特色社会主义思想铸魂育人。思政课作用不可替代，思政课教师队伍责任重大。第一次就一门课程专门召开全国座谈会，表明党已经把办好思政课上升到治国理政的战略层面。同年8月，中共中央办公厅、国务院办公厅印发《关于深化新时代学校思想政治理论课改革创新的若干意见》，突出强调"思政课是落实立德树人根本任务的关键课程，发挥着不可替代的作用"，在教材体系、教师队伍、课程效果、党的领导等方面提出了一系列具体实施意见。

二 课程思政与工程教育的结合及其实现路径

2019年，上海启动"高校课程思政领航计划"，上海理工大学入选"上海高校课程思政整体改革领航高校"，电气工程及其自动化专业入选"精品改革领航专业"。利用这一契机，专业教学团队从课程定位、内容设计、教学模式等方面开展课程思政设计与实践，初步体现了思政建设的要求，并实现了课程思政建设和工程教育认证的有机融合。

课程思政不是在专业课内上思政课，而是在专业课中结合专业知识与行业背景有机融入思政元素，启迪学生思想，激发学生情怀，开启学生智慧。专业教师要树立"全员育人、全方位育人、全过程育人"的教育观，转变"教书"与"育人"两张皮的育人观念。因此，课程思政元素的选择与融入课程教学内容的设计就显得至关重要。经过课程教学团队的认真研究与反复斟酌，最终确定了以"爱国情怀""辩证思维""社会责任""励志人物"为主线的课程思政元素，并与课程教学内容相结合，融入教学全过程。见表0.1。

表0.1 课程思政元素及其内涵

序号	思政元素类别	主要内容及其内涵
1	爱国情怀	爱国主义、四个自信、民族意识、奋斗精神
2	辩证思维	现象和本质、整体与局部、必然和偶然、内容与形式、量变与质变、原因与结果
3	社会责任	人生观、世界观、价值观、诚信道德、责任担当、创新精神、契约精神、现代企业精神
4	励志人物	精英意识、敬业精神、工匠精神、奉献精神、团队精神

之后，专业教学团队对照工程教育要求，针对各课程教学全过程中存在的不足进行了深入剖析，以期做到对症下药。下面，以"电力系统分析"课程为例，进行说明。

"电力系统分析"是电气工程及其自动化专业的核心课程，专业性强，受众面广。在本专业最新的培养计划中主要支撑"掌握扎实电气工程专业的专业知识"和"能够在多学科环境中应用电气与电力工程管理原理与经济决策方法"两点毕业要求。从课程对毕业要求的支撑可见，本课程具有较强的专业性，用以解决电气工程专业领域的复杂工程问题，同时要求具备跨学科交流学习，以及一定的工程经济和管理能力。在开展此次课程改革之前，课程教学团队分析认为，本课程主要存在以下几方面的不足。

第一，在教学理念上，对工程教育和课程思政教育的关系认识不足。以往的教学理念尚停留在任课教师讲授，学生通过学习能够掌握相关专业知识，并通过解题的形式检验教学效果的阶段，而习题出于简化计算要求的考虑，通常针对极小规模系统的特定问题，难以支撑课程对培养学生解决专业复杂工程问题能力的要求。另一方面，专业课对思政教学涉及较少，存在思想政治教育是思政课程教学内容的误区，思政元素与专业课的融合难度较大。

第二，在教学内容上，缺乏复杂工程问题和课程思政教学相结合的某些重要元素。原有教学方案遵循从元件到系统的教学路径开展授课活动，针对系统层面的问题，往往是简化或固化一定的外部条件后，针对某一特定问题开展分析，与实际工程环境中多因素、多条件情况下的复杂工程问题具有较大差距。另一方面，教学内容中的课程思政元素主要靠授课教师主观把握，缺乏针对性和规范性。

第三，在教学组织上，缺乏自上而下的要求与规范。课程大纲是开展课程教学活动的规范性指导文件，规范和指导课程教学的内容和组织形式。换言之，课程大纲规范了授课教师在什么时间节点，教什么内容，以及教学必须覆盖的广度和挖掘的深度。将工程教育要求的课程对毕业要求的支撑以及各教学模块与思政元素的融合写入课程大纲，是教学组织环节必不可少的内容。

第四，在质量监控上，缺乏量化评价与持续改进机制。以往的教学过程大多是"开环式"的，课程考核的结束往往也就意味着整个教学活动的结束，学生的期末成绩以 60 分为线划分了及格与不及格。但是，各教学模块的达成情况、整个课程的达成情况无从量化评价，教师在第二年教学活动中的改进措施缺乏针对性，主要依据主观经验。

针对课程教学活动全过程中存在的上述问题，梳理课程各教学内容模块与工程教育认证中毕业要求的支撑关系，以及思政元素的融合主题。三者之间的融合关系如图 0.1 所示。

具体而言，"电力系统分析"课程的教学内容主要分为"电力系统概述""电力系统元件数学模型""电力系统潮流计算""电力系统的有功功率和频率控制""电力系统的无功功率和电压控制"五大模块。

其中，模块 1~3 主要教授电力系统的行业发展背景、基本元件的数学模型，以及作为电力系统静态分析基础的潮流计算，这些模块可以有效支撑"掌握扎实电气工程专业的专业知识"这一毕业要求。与此同时，新中国电力工业 70 余年艰苦卓绝

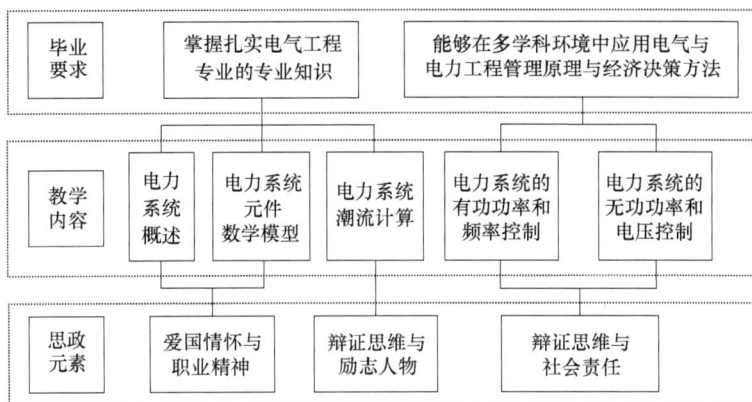

图 0.1 "电力系统分析"课程工程教育与思政元素融合关系图

发展过程中涌现出众多杰出人物，他们克服艰难工作环境，攻克无数技术壁垒，从弱到强，从"中国制造"到"中国创造"，乃至成为引领世界电力技术发展的火车头。他们的品格，他们的精神，是课程思政的生动案例。而在潮流计算模块，如何根据工程场景需要，选择合适的数学算法，平衡模型精确度与计算效率之间的关系，则可以启迪学生的辩证思维能力。

模块 4~5 综合分析电力系统中有功与无功功率对系统运行频率和电压的影响，需要综合考虑系统、管理、经济等因素，支撑毕业要求"能够在多学科环境中应用电气与电力工程管理原理与经济决策方法"。同时，这部分内容也是工程问题中整体与局部、耦合与解耦、最优与次优等辩证思维的具体体现。有功或无功功率控制不当引起的系统频率失稳、电压失稳等电力事故案例也是培养本专业毕业生社会责任意识的生动案例。

为规范课程对工程教育和课程思政的教学要求，组织修订了课程大纲，编制的主要内容如表 0.2 所示。

表 0.2 课程大纲编制内容

序号	标题	主要内容
1	课程基本信息	课程简介、课程思政设计、教学方法等
2	对毕业要求指标点的支撑	本课程支撑毕业要求的具体条目和内容
3	课程目标	课程目标以及与毕业要求指标点的支撑关系
4	教学内容	各教学模块内容、教学方式、教学效果以及对课程目标的支撑关系
5	教材与学习资源	课程网站、课程教材、教学条件等
6	教学进程安排	教学内容及对应的课时和进度安排
7	课程考核	课程考核方式、分数构成以及评价细则

新大纲做出的改进主要体现在以下几个方面。第一，在课程基本信息部分明确了本课程思政元素的设计思想；第二，明确了本课程对专业毕业要求指标点的支撑关系；第三，细分了课程目标及其对毕业要求的支撑关系；第四，明确了课程各教学模块对课程目标的支持关系、涉及的思政元素以及预期的教学效果；第五，明确了各教学模块在期末总评中的分数占比，为课程教学达成度的定量计算提供依据。

"电力系统分析"课程设置 3 个课程目标，用以支撑本专业培养计划中的毕业要求 1.3 和 11.2，而这 3 个课程目标则由课程的 5 个模块的教学内容进行支撑，形成如图 0.2 所示的课程对培养计划的支撑关系图。

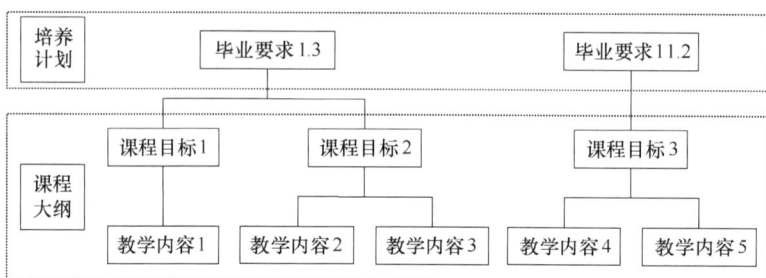

图 0.2 "电力系统分析"课程对培养计划的支撑关系图

为实现兼顾课程思政与工程教育双重要求的课程持续改进，构建分别以"年"和"届（四年）"为时间尺度的课程持续改进机制和体系，如图 0.3 所示。

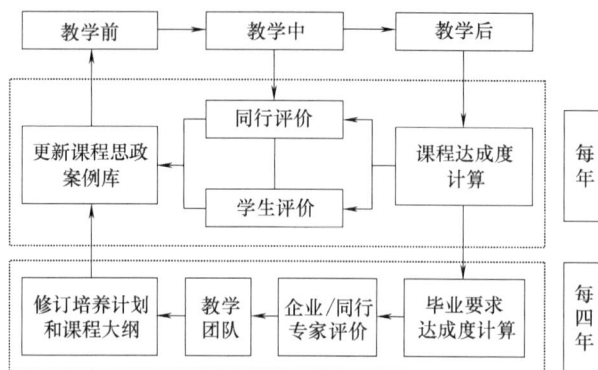

图 0.3 "双循环"课程改进体系

在每年完成课程教学任务以后，由任课教师计算课程达成度，结合收到的"同行评价"和"学生评价"反馈，以及一年以来的时政新闻等，更新课程思政案例库，形成课程改进的"小闭环"。在这一闭环中，原则上不对课程的教学目标、教学内容等做较大幅度的改动。

当一届学生毕业以后，课程达成度计算结果进一步用于该届学生的毕业要求达成度计算，经过企业和同行专家（校外）的评价，教学团队综合各方面的评价结果对本专业培养计划以及课程大纲进行修订，形成专业和课程改进的"大闭环"。在这一闭环中，课程大纲根据本专业培养计划的要求，修订对毕业要求的支撑关系和权重，同时相应修订课程教学目标、教学内容、考核方式等。

01
第一章

电路原理
课程思政教学案例

课程概况

课程名称： 电路原理。

学分学时： 4学分，64学时。

教学对象： 电气工程及其自动化、自动化、电子信息科学与技术、测控技术与仪器、光信息科学与技术、生物医学工程专业本科一年级学生。

课程类别： 大类基础理论课程（　　　）

　　　　　　学科基础理论课程（　　　）

　　　　　　专业基础理论课程（　√　）

　　　　　　专业核心课程　　（　　　）

课程简介： 电路原理是一门专业基础必修课，本课程是学习与电有关的各类课程的理论基础，课程内容主要是电路原理中的基本定义以及对电路的分析方法，包括直流电路分析、三相交流电路分析以及电路的一阶暂态分析等。通过本课程的学习，可以使学生熟悉课程中的各种电路原理，掌握课程中的基本分析方法；通过相关电路实验，能够加深学生们对课程的理解，使学生熟悉各种电路元器件，熟练使用常见的电气仪器，培养学生实际动手能力，为以后的专业课学习奠定必要的基础。

课程思政设计： 电路原理作为一门专业基础课，具有课时数多、内容覆盖面广的特点。为了增强思政教育的亲和力，帮助学生树立正确的人生观，培养学生的家国情怀，将思政内容与电路原理课程中的电路定理、三相电路、暂态电路、电路元件等知识内容进行深度融合，可以达到在传授知识的同时，"润物无声"地进行价值引领和思政教育。课程思政让电路原理课程更有人情味，不仅加强了对学生的思政教育，也反过来增加了课程的人文魅力。

关键核心技术是国之重器，我国自主研发的神威太湖之光超级计算机已经四次蝉联世界第一，激励学生们更要勤奋学习，积极掌握技能，提高自主创新能力。在学习三相电路时，让学生了解我国建立的世界上最大风力发电基地——酒泉风电基地，激发学生的爱国热情，提高学生对电路的学习兴趣和学习动力，加深文化认同感，增强民族自豪感。国家的发展离不开默默付出的科研工作者，让学生了解严陆光院士事迹，学习他刻苦钻研的研究精神，学习他心系国家的伟大爱国精神。电路中的暂态、稳态和同一电路的多种解法可让学生们辩证地对待所处环境，促进学生心理健康发展，培养勇于面对新环境、敢于迎接新困难的精神，为实现中国梦不言放弃。

授课教师团队： 李海英、张建平、张志华、杨芳艳、罗鞴、吴世青、王陆平、王永刚、季利鹏。

第一节 自主创新——神威太湖之光

一 知识点与对应的思政元素

通过对电路原理课程的认真学习，同学们能够了解并掌握电路知识中的基本定律，主要包括基尔霍夫电流电压定律、诺顿定理和戴维南定理等[1]。但是，这些电路原理应用到哪些方面和领域、哪些场景，为什么要去运用这些原理，大部分人不会去深入思索这些问题，仅仅是在课堂上学了这些原理不加以应用，这就达不到教书育人的根本目的——学以致用。

电路原理可以应用在我们日常生活的方方面面，像基尔霍夫电流定律（KCL）就是描述电路中各支路电流之间的关系。内容是，对于电路中任意一个节点，在任何时间流入该节点的电流总和与流出该节点的电流总和相等[2]。

基尔霍夫电压定律（KVL）则与电流定律大致相同，不同的地方在于其讲的是电路中不同支路电压的关系。内容是，在任何一个闭合回路当中，各元件上的电压降的代数和等于电动势的代数和，即从一点出发绕回路一周回到该点时，各段电压的代数和恒等于零，基尔霍夫电压定律在电路中的应用与电路元件的性质无关，而只取决于电路的连接方式[3]。

集成电路（Integrated Circuit）是一种微型电子器件或部件[4]，如图 1.1 所示。电路定理知识在集成电路中应用的例子于生活中无处不在，大到新能源汽车、家用电器、电脑，小到手机、LED 灯等[5]，时刻改变着我们的生活。追根溯源，在这些场景中恰恰有电路的基本概念与基本定律的创新性的应用。

图 1.1 高度集成的电路芯片

　　其采用一定的工艺，把一个电路中所需的电容、电感、电阻、晶体管等元器件和布线串连在一起，制作在很小的一块半导体晶片上，然后封装在一个或几个管壳之中，便具有了我们所需要的电路基本功能的微型结构，集成电路中无数个错综复杂的细小电路蕴含着基尔霍夫电压电流定律、诺顿定理等电路知识。正是以这些基本的电路知识为基础，铸造了一个又一个的创新科技。所以说科技的创新和发展离不开我们对基础知识的把握与运用，通过将自主创新精神案例与我们的电路日常教学课程相结合，我们的学生能对电路课程有着更加深刻的了解和认知。

　　人才的培养往往离不开创新，这促使我们要在电路课程中加入对电路原理和定律的创新性应用的讲解，让同学们能够充分认识到这些定律的创新性应用，培养同学们创新实践的精神。因为我国经济社会的发展要紧随社会的现实需求，而现实需求必定离不开我们的科技发展创新，我们既要拥有坚定不移的自主创新和勇于拼搏的精神，又要有去建设我们国家使其成为世界科技强国的伟大目标。

二　课程思政教学案例

　　提到集成电路，就必须提到完全由我国自主研发的CPU处理器——申威26010。这个被称为"国之重器"的神威太湖之光超级计算机，如图1.2所示，正是使用的这款超高性能处理器[6]，其计算速度和处理能力达到了前所未有的高度，排名世界第一[7]。

图1.2　神威太湖之光超级计算机

　　在成为世界第一的背后，有着众多科学家、工程师、技术人员坚持不懈的努力和对祖国科技强国战略的支持与热血，这让我们实现中华民族伟大复兴中国梦又向前迈进了很大的一步。自主创新、自力更生、奋发图强不再只是说说而已，我们国家真正地做到了。

　　小小的芯片，承载着大大的梦。

　　芯片，我们对它既熟悉又陌生，熟悉的是它几乎充斥着我们生活的每一个角落，陌生的是我们不清楚其中运用了哪些专业知识和原理，不明白芯片是如何工作的。其实小小的集成电路芯片就运用了很多基本的电路定理，像基尔霍夫电压电流定律和戴维南定理，所以想要了解芯片如何工作首先就要学习我们的电路知识，并掌握灵活运用电路知识的能力，能做到举一反三。相信大家对新闻报道中"华为""贸易摩擦""芯片制裁"等这些字眼并不陌生。为什么是华为？为什么是芯片？这些问题值得我们沉思。在百年未有之大变局下，在中美贸易摩擦和新冠疫情防控这两起典型事件中，深刻彰显出了"科学技术是第一生产力"思想的巨大时代价值[8]。

三 教学反思

　　我们要于危机中育先机、于变局中开新局，必须向科技创新要答案。而科技创新往往需要我们这些一代又一代人的共同努力，把握当下去创造未来。同学们要通过领略科技创新、自立自强的伟大事业、奋勇拼搏的钻研精神，使我们的精神落到实处，变成现实。通过电路原理这门课程的学习，练就一番武艺，这样遇到困难和挫折才不会被打败。

　　目前，我国高新科技公司的发展遇到了前所未有的挑战。正因为我们的核心部件如半导体芯片等还不能完全自给自足，这就需要我们科技企业能够努力奋进，奋勇拼搏，争做世界第一。企业的进步和未来的发展离不开创新型人才，这就需要我们在电路课程思政中倡导创新精神、创造意识、创新思维、创新能力，还要有自立自强的本事[9]，要让学生通过学习电路原理这门课程以后不仅掌握了电路知识及其原理，同时也学会了为什么要学，懂得了这些基本的电路知识和定理对理解国家技术创新、促进人才发展战略有着重要的意义，这些都是同学们在学习生涯中能够获得的宝贵财富，让同学们的人生更加焕发光彩。

参考文献

[1] 陈昌兆. 一阶 RC 电路的深度透视: 概念、思想和方法 [J]. 物理与工程，2018，28（05）：44-49.

[2] 陆梦薇. 浅谈基尔霍夫定律在简单电路中分析中的应用 [J]. 电子世界，2017（22）：96，98.

[3] 曹灿云. 戴维南定理实践教学设计 [J]. 科技视界，2019（27）：154-155.

[4] 沈经. 现代超级计算机与超大规模集成电路产业链自动化将形成 BACNet+HBES+CC-Links+eFactory 高技术新市场的分析——1.超级计算机的发明、原理与发展 [J]. 仪器仪表标准化与计量，2011（01）：2-7，14.

[5] 刘新，杨文君，宋东方. 电路原理课程的教学实践分析 [J]. 集成电路应用，2020，37（1）：108-109.

［6］赵荣春.神奇的"超级电脑"［J］.环球军事，2007（08）：51.

［7］刘瑞挺.高性能计算领域超级电脑的排名［J］.新电脑，2005（03）：178.

［8］马忠法.邓小平"科学技术是第一生产力"思想的实现途径及时代价值［J］.邓小平研究，2020，10（05）：1-12.

［9］汤敏，王敬时，周童，等.《电路》理论教学中的课程思政方式探索［J］.中国电力教育，2020（09）：64-65.

第二节　伟大工程——风吹酒泉电送全国

一　知识点与对应的思政元素

我们生活在"电"的时代，电能在现代社会中使用非常广泛，无论是在工业生产还是日常生活中，都离不开电。对于人类生活来说，随着生活质量的提高，在日常的工作、学习或者娱乐时，电更是无处不在，没有电的日子是我们无法想象的。那么同学们是否思考过我们形影不离的电究竟是如何产生的？

通常来说，电流分为直流电和交流电两种，直流电指的是方向和大小都是稳定的、不随时间发生改变的电流，而交流电的方向和大小都会随着时间变化，这是它们的根本区别。两者各有优缺点，适用的地方也不同。相比于直流电，交流电的成本更低，获取方式也比较容易，输送电能快捷，所以生活中应用最广泛的是交流电。对于电流的产生，一般来说直流电都是由化学电池提供，而交流电一般是在发电厂中通过交流发电机产生的，其发电的形式也是多种多样，比如说有风力发电、火力发电、水力发电以及核能发电等。在面临能源危机的今日，这些发电方式对于解决各国未来的能源危机是有力措施，在这里我们主要介绍一种利用清洁能源来发电的方式——风力发电。风力发电机一般采用的是三相交流电机，它的转子是一种永磁体，通过定子绕组切割磁力线的方式来产生电能[1]。三相交流电机中重要的组成部分就是三相电路，我们在电路原理这门课程中也学习过三相电路的相关知识，三相电路是由三相交流电源供电的电路，由三相电源、三相负载和三相输电线路组成，我们生活中的用户用电往往也是采用三相电路来进行电力运输以及交互[2]。世界上电力系统电能生产供电方式大多采用三相制，三相电路与单相电路相比，原理简单、运行高效且成本低廉。

在三相电路广泛运用的情况下，同学们是否思考过在实际生活中我们身边的三相电路呢？在我国电力行业不断发展变革的进程中，我们的电网系统都广泛使用这种电路，今天我们可以走进酒泉风力发电基地[3]，透过风力发电方式的表象来研究背后蕴含的庞大电路知识体系，尤其是三相电路在电厂生产交流电过程中的使用。

② 课程思政教学案例

当今世界新能源发电处于聚光灯之下，无论是舆论热点还是关注度都持续上升，得益于新能源得天独厚的可再生优势，以太阳能、风能为代表的新能源发电方式被广泛使用。在风力发电方面有人这么说：世界风电发展看中国，中国陆地风电发展看酒泉。

图 1.3 是世界上最大的风力发电基地，当地的风资源丰富，能够带动巨大的风机叶片，使它旋转起来，再加上增速机的作用，风机叶片旋转的速度会更快，从而能带动发电机发电，这里发电机所发出来的电是交流电。风力发电机一般使用三相交流电机，与三相交流电机所配合的重要组成部分就是三相电路，当旋转风机叶片的恒定转速传递给发电机时，能量也传递过来，机械能转化为电能。

图 1.3　甘肃酒泉风力发电基地

酒泉的风力资源开发过程中遇到了风电开发中几乎所有的难题，酒泉这个烈日、风沙、戈壁、沙漠围绕的地方，生活中有诸多不便，但如今却因为这得天独厚的地理位置条件，成为了建设风力发电基地的理想场所，为当地的经济发展带来了契机。我国的风电事业发展，离不开酒泉风力发电基地带来的成功经验，从 1996 年开始，酒泉风力发电基地已走过二十几个年头，经过不断地修建完善，目前已有 5 座大型的风电发电厂，风能资源储备在 1.5 亿千瓦以上[4]。

酒泉的风电建设也不过短短数年，在历史的长河中不值一提，但是它带来的影响却是深远且伟大的，风力发电是一种值得投资、技术发展相对成熟、商业开发潜在价值巨大的发电方式。大规模地发展风力发电事业，不仅可以缓解西北的用电压力，还可以减少二氧化碳气体的排放。图 1.4 展示了酒泉风力发电基地空中俯视视角的全貌，选择在酒泉大规模地发展风力发电事业，可以帮助西北地区增加电力容量，还对于干燥的天气里灰尘和风沙等恶劣环境状况有一定的缓解作用。根据有关数据分析，酒泉风能如果利用好的话，能够大大节省发电的成本，对新能源事业做出巨大贡献。同时项目建设还可以增加当地税收，促进就业，能够增加当地居民的经济收入，具有良好的社会效益，取得多赢的效果。

图 1.4　空中俯瞰酒泉风力发电基地

　　酒泉发电基地项目的顺利实施，离不开国家的大力支持。因为风力发电属于新能源产业，前期研发成本极高，需要的技术支持更高，国家也排除万难，发布了一系列鼓励政策，在国家政策和财政上鼎力相助，支持新能源产业，实现了我国风电产业从零到领跑全球的创造性里程碑，新能源产业的蓬勃发展对我国可持续发展理念以及经济和就业情况都具有战略意义[5]。如果没有国家的扶持，新能源产业风力发电项目不会正常展开，也会面临巨大的亏损。酒泉风力发电基地的建设过程历经坎坷，注入了来自国家、社会以及每个建设者的心血，这种不怕苦、不怕难的精神值得当代年轻人去学习。在电力领域，我们每个电力人更应该学好电气基础知识，将它们与实际紧密联合，为我国电力事业发展贡献出自己的力量。

三　教学反思

　　伟大工程是习近平总书记提出的"四个伟大"（伟大斗争，伟大工程，伟大事业，伟大梦想）理论中的一个，伟大工程在其中起到了决定性的作用，要想实现伟大梦想，就必须建设伟大工程。在日常的教学中，也要时刻提醒学生们搞好自身建设，在学习知识的过程中增强自身的能力。很多同学在学完三相电路后，对它的原理、概念都记得很清楚，但是提到它的应用，就一知半解。其实，三相电路是电路原理整本书中与实际生活联系最紧密的一部分，在生活中的方方面面都能使用到。通过电路原理这门课程的学习，我们可以掌握基本的电气知识，它是电气工程及其自动化这个专业里最核心的课程之一，是学习电气的基础，对于学习后面的课程十分重要，只有打牢基础，才能在电气领域的学习上更上一层楼。

学习知识是一个点滴积累、长期沉淀的过程，文化所带来的力量不止心灵上的震撼，而且具有引领社会、激发民族自信的作用。在日常的学习生活中，我们应始终保持着高昂的学习热情，只有把课程内容和实际应用联系在一起，才能学得更加透彻、记忆得更牢靠。让我们一起感受知识的奇妙，感受学习带给我们的乐趣，集中精神看透吃透原理和定律的本质，联系实际来激发兴趣，这无疑是个学习的好方法。

参考文献

[1] 李晶, 宋家骅, 王伟胜. 大型变速恒频风力发电机组建模与仿真 [J]. 中国电机工程学报, 2004（06）: 104-109.

[2] 王秀丽, 宋永华, 王海军. 新型交流输电技术现状与展望 [J]. 中国电力, 2003（08）: 44-50.

[3] 马东邦. 酒泉新能源产业发展中的几点思考 [J]. 农业科技与信息, 2019（13）: 37-39, 43.

[4] 李琳, 王东. 甘肃酒泉风电产业发展存在问题和应对 [J]. 中国经贸导刊（中）, 2020（08）: 36-37.

[5] 景雯花, 司马利奇. 酒泉新能源产业发展现状研究——以风电产业为例 [J]. 发展, 2017（03）: 57, 78.

第三节 工程理论——暂态原理演绎

一 知识点与对应的思政元素

在电路原理的学习过程中，我们会了解到稳态、暂态与次暂态的相关问题。暂态响应不仅常被用于理论研究，而且也广泛应用于工程技术。暂态的定义为当过程变量或变量已经改变并且系统尚未达到稳定的一种过渡状态，也被称为瞬态状态。如图 1.5 所示的 RC 电路，瞬态时间是指：从一个稳定状态变为另一个稳定状态所需的时间。暂态变换中，变量随时间发生变化，暂态响应在物理意义上则是指系统在某一典型信号输入作用下，其系统输出量从初始状态到稳定状态的变化过程。

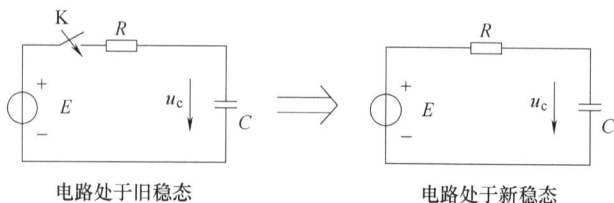

电路处于旧稳态　　　　　　　　　　　电路处于新稳态

图 1.5　电路的状态变化

暂态技术由于其独特的性质，提供了稳态技术无法提供的信息，常用来研究电机过程动力学，通过测定电机反应动力学参数和确定电极反应机理，极大地提高了研究数据的精确度，并在研究大量快速的电化学反应领域有更好的应用。电路的暂态过程在实际工程中也有很多的实例：内燃机车的发动装置，机车点火电路基于RLC 电路暂态响应的原理工作，利用暂态响应的充能产生电火花；文氏桥和运放构成的一种经典式 RC 正弦波振荡器，利用暂态过程产生的振荡作为反馈信号，主要用于测量、遥控、通信、自动控制、热处理和超声波电焊等加工设备之中，也作为模拟电子电路的测试信号。

如图 1.6 所示，当一个电路在 0s 之前处于稳定状态，没有为电容充能，而当开关闭合时电容开始接受电源的充电，从开始充电到逐渐达到另一个新的稳定状态的过渡过程，这个过渡时间会根据充能的多少而发生变化。当经历过了这样的一个充能过程，就会进入新的稳定状态。

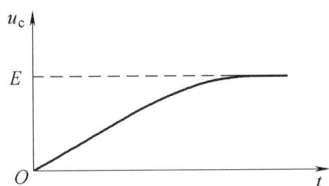

图 1.6　电路的充能过程

人何尝不像一个小小的电容？为了国家的需要我们在不同的电路中扮演着不同的角色。当电路发生变化，电容会根据情况的不同，经历一个暂态的过程，为电路充放电，使电路重新达到平衡并稳定运行。而当我们的生活环境发生变化时，当我们的工作内容、研究方向发生改变时，我们能否可以像电容一样为了渡过这样的一个暂态而主动充放电呢？

二　课程思政教学案例

我国的科学家如灿烂的银河般，在历史的宇宙中熠熠生辉，尤其在建国初期那个最需要人才的时候，涌现了一批鞠躬尽瘁、死而后已的奉献者，为了响应国家的号召，甘愿隐姓埋名，默默付出，像一个个的螺丝钉，一个个的电容，不断地适应国家的需要，一次又一次地经历暂态过程，不断地充能放能，在这样的环境中，逐渐成长为各自新领域的科学巨擘。

在物理学的星云中，有这样的一颗明星，被群星围绕但依然难掩光辉，他就是中国 23 位"两弹一星功勋奖章"获得者之一，于敏[1]，见图 1.7。和其他致力于两弹一星工作的科学家不同，他是极少数的没有出国留学的"国产土专家"，更为难得的是，为了响应国家的号召，供给国家的需求，放弃了自

图 1.7　中国科学院于敏院士

己早已有所成就的物理基础研究而转向氢弹研究工作，这样从旧领域到新领域的过程，主动开始自我充能与放能，不正是电路中暂态原理体现的精神么？"国家的需要，就是我的研究方向"[2]，为了践行这样的信念，他主动寻求转变，经历了从旧稳态到暂态再到新稳态的转变，经历了无数次的充能放能，开创了中国核物理的新时代。

1960 年 11 月，钱三强组织了以于敏等为核心的一个年轻科学工作者团队，在荒无人烟的大漠中，开始了对氢弹理论技术的研究工作。对于于敏本身来说，将自己的研究方向从基础研究转向氢弹研究，经受了很大的自我牺牲和放弃。1960 年至 1988 年，二十八年的时间里，于敏的名字消失在了茫茫人海中。于敏以前的研究方向是关于量子场的基础理论研究，因为他觉得量子场的难度是最高的，他就是要攀登最高的山峰，这才符合于敏的口味[3]。其实在于敏进入研究所前，为了减轻欧美的核弹威胁，增加外交谈判的底气，我国已经开始了原子弹的理论研究，敏锐的于敏知道那时的原子弹对国家意味着什么，年少时就已经播种的家国情怀让他义无反顾地转行开始研究原子核物理。在于敏接到氢弹任务后，迫于国际形势，国家给他的时间不多，但是氢弹研究还没有关键性突破，于敏和团队科研人员每一天都淹没在如小山般的计算数据中，宵衣旰食，筚路蓝缕。经过不懈的努力，终于到 1965 年的时候，研制氢弹的进程才有了突破性的进展，为了探究试验方案的合理性，于敏院士会同几十名科研人员赶赴上海开始"百日会战"[4]。当时情况特殊，没有合适的计算条件以及计算方式，他们只能将原始的计算工具都用上，算盘、计算尺都出现在实验室的案头，于敏用掉了数以万计的演算纸、运算纸带，从这些烟海般的计算信息中，凭借自己天才般的物理直觉和工作经验，终于找到了问题的关键，形成了一套从氢弹原理到构型的基本完整方案。韬光养晦十年磨剑，厚积薄发一朝扬名，氢弹的爆炸，无疑极大地增加了中国人民的民族自豪感，使中国在当时的国际外交环境中增添了一枚极具重量的筹码。

而像他这样从暂态到稳态的过程，更深深地体现在感动中国人物中他的颁奖词里：离乱中寻觅一张安静的书桌，未曾向洋已经砺就了锋锷。受命之日，寝不安席，当年吴钩，申城淬火，十月出塞，大器初成。一句嘱托，许下了一生；一声巨响，惊诧了世界；一个名字，荡涤了人心。

三 教学反思

在我们的日常生活和工作中，或许会遇到很多变故、很多困难，当我们需要从旧的舒适圈中转到新的环境时，我们是否可以像于敏院士那样，做一个小小的电容，安心面对环境的改变呢？

我们相信人生是一个波澜起伏的过程，没有永远的好，也没有永远的坏，我们决定不了命运要加给我们的转变，也决定不了新环境下的种种不适，唯一可以决定的，就是如何做自己，如何让自己持续充能，重新寻找一个目标，并持之以恒。在成长的过程中，我们或迷茫或犹豫，在我们的低谷期，在这样的一个暂态过程中，主动为自己充能、放能，尽快适应新环境的变化，融入进去，为新的"电路"贡献自己的力量[5]。

参考文献

[1] 高雅丽. 追忆于敏院士：他永远是那个临门一脚的人 [N]. 中国科学报，2019-12-5（003）.

[2] 宋炳寰. "共和国勋章"获得者于敏同志的一些往事 [J]. 百年潮，2019（11）：20-28.

[3] 刘骄. 国防科技事业改革发展的重要推动者 学习于敏院士敬业奉献的崇高品质 [J]. 新湘评论，2019（05）：25-26.

[4] 杨琳. 众核物理学者谈于敏 [J]. 百年潮，2015（12）：28-35.

[5] 刘新，杨文君，宋东方. 电路原理课程的教学实践分析 [J]. 集成电路应用，2020，37（01）：108-109.

第四节 卓越人物——严陆光院士

一 知识点与对应的思政元素

当今中国飞速发展，无论是经济、文化、政治、科技，抑或是国际地位，尤其是我们人民大众日常生活发生了翻天覆地的变化：我们从建国初期的温饱难到2020年实现全面脱贫；从改革开放前全国铁路网里程仅仅5.3万公里到如今14.6万公里；从一个能源结构落后国家到如今积极发展新能源、开展新能源研究、能源结构不断优化进步的国家。同学们是否有过思考，这些巨大的变化离不开国家的投入支持，离不开社会的八方支持，更离不开背后默默工作默默付出的科研工作者。在这其中，中国的电工技术领域得到了飞速发展，或许同学们对电工技术比较陌生，但是这一领域涉及了我们所学电路原理这门课的知识点，比如电感元件与电磁感应定律。我们不光要了解在这个领域中的相关专家建设国家、为人民服务、贯彻落实社会主义的伟大精神，也要向他们学习，学习他们刻苦钻研、吃苦耐劳的研究精神，学习他们顽强攻坚的拼搏精神，学习他们心系国家，一心为国的伟大爱国精神。

我们在电路原理这门课中学习过电感元件，这是我们日常生活中无处不在的电路元件，广泛运用在电机、电网中，同时也是电与磁耦合关系的完美体现。除此之外，我们的生活中所接触到的各种家电、我们使用的电话都有电感元件的身影。所以说，不要看我们只是学习电路原理这一门课而已，其实我们每个人都在学习伟大的知识，未来也可以为了国家、为了社会尽自己的一份力量。我们应当树立远大的理想，在自己的研究领域、自己的岗位，哪怕自己的生活都应尽心尽力贡献自己的力量，这样的话国家未来的发展一定会腾飞，我国一定会在未来立于不败之地。

我们在电路原理中学习过电磁感应，这是电磁学领域中很伟大的成就。它揭示了电与磁之间到底是什么样的一个关系，铺垫了电与磁之间的相互转化的实验基础，在实用方面上有着重大意义[1]。事实证明，电磁感应在电气等相关工科方面的广泛应用对推动社会生产力和科学技术的发展发挥了重要的作用。

有这么一个人，与电感元件以及电磁感应定律擦出了很大火花，那么，今天我们来领略一下我们电气的卓越人物，中国电工技术专家、中国科学院院士严陆光[2]，他为我国电工技术领域做出了卓越贡献，心系国家为国为民的责任感伴随他的一生（见图 1.8）。

图 1.8　中国科学院严陆光院士

二　课程思政教学案例

在我国，电气方面的发展是在新中国成立之后才开始，相比于西方国家起步较晚。在电工技术领域，严陆光院士可谓是举足轻重的人物，他的一生在此领域艰苦奋斗，为我国的特种装备研制以及电工技术做出了巨大贡献。在我国电工新技术领域的发展过程中，严陆光院士不但开创了大能量电感储能装置系统研制[3]、参与研制和建成了我国第一台核聚变托卡马克 CT-6 电磁系统，而且还领导了超导电工的应用基础研究[4]。

在长达半个多世纪的风雨科研路上，青年求学时读到的这句格言"一个人的价值决定于他所做成的事情，而不是别人的议论"激励了他的一生。我们在电路原理这门课中学习过动态元件——电感，与电阻这种线性元件相比，它具有储能记忆功能，所以在军事航天能源领域广泛使用。严陆光院士在 1954 年到 1959 年期间，在苏联莫斯科学习，回国之后被分配至中国科学院电工研究所，直接参与电力系统动态模拟实验室建设，在一年后中苏关系恶化之际，响应国防安全需求，建造高超声速脉冲放电风洞装置。这是一种用储能达到亿焦耳、毫秒放电的储能电源来供电的装置，这用传统的电容器组难以实现，需要发展更大能量的电感储能技术，并且在当时国际上并无许多国家可以研制并做到的情况下，严陆光院士在经历大量研究之后创新使用了电感储能大能量激光的方法，成功在中国合肥建成了储能 6×10^7 焦耳的合肥 7 号常温电感储能装置。在此之后，由于托马斯装置需要强磁场、电源以及控制，这些都需要电工技术的配合，著名物理学家陈春先邀请严陆光院士及其团队从事托马斯装置的研究，并最终于 1973 年，中国国内第一台核聚变托卡马克 CT-6 装置在中科院物理所建立。这不仅为中国核聚变研究发展奠定了坚实基础，也在国际上引起了强烈反响。

除此之外，严陆光院士在我国的交通行业也做出巨大贡献，比如说磁悬浮列车（如图 1.9），在这里面有一款中低速磁悬浮列车是由感应直线电动机来驱动的，利用的就是通过强电产生强大磁场来使列车运行[5]。我们在电路原理中涉及电磁感应的部分有很多，比如我们的变压器，其工作中利用的就是电磁感应原理。磁悬浮列车具有噪声低、低能耗等优点，虽然现阶段没办法大规模普及，但是存在这么多优点，在未来的交通发展中肯定会受到足够的重视，并且对于国家的交通领域的革新会是强有力的支撑。我们出生在伟大的国家，作为工科专业的学生，我们学习的电路原理这门课在生活中会有很紧密的结合，我们要去善于发现，我们也要了解有这么多前人为了国家的发展艰苦奋斗、顽强攻坚。在如今国家日益强大、科技不断进步的情况下，我们的平台以及科研接触到的技术也越来越好，我们更应该为国家做贡献，为实现伟大的理想不断奋斗。

图 1.9　磁悬浮列车

三　教学反思

电路原理是许多工科专业最基础也是最重要的专业课程之一，在电路原理的教学中，往往由于有一定难度，学生听起来比较枯燥，有时候会产生排斥心理。我们都知道兴趣是影响学习的重要因素，课程结合实际案例的思政方式可以更好地激发学生的学习热情，使得我们的教学获得学生情感价值的认同，最终提升能力和修养。结合伟大人物的故事可以激发学生爱国热情与情怀，严陆光院士为我们树立了远大理想，在此案例中我们应当学习严陆光院士对于知识孜孜不倦的求学态度、对于困难顽强攻坚的吃苦精神、对于国家赤子之心的一腔热忱。

　　本案例在电路原理教学中的一些不足之处在于我们的案例还不够鲜活，此后我们应给学生们观看一些与电路课程有关的访谈、纪录片或者电影，加深学生对电路原理知识点的理解，让学生深刻领悟电工技术领域前辈们的伟大精神。还有，在实践环节，我们应建立更多产学研合作关系、企业实践基地和科研工作站，提高学生的实践能力，为我国电工技术领域培养更多的工匠人才。

参考文献

[1] 王洛印，胡化凯. 电磁感应定律的建立及法拉第思想的转变 [J]. 哈尔滨工业大学学报：社会科学版，2009，11（03）：19-33.

[2] 沈培钧，张菁. 磁浮列车：我国交通运输跨越发展的创新之举——中国科学院院士严陆光先生访谈录 [J]. 综合运输，2004（11）：24-29.

[3] 马山刚，于歆杰，李臻. 用于电磁发射的电感储能型脉冲电源的研究现状综述 [J]. 电工技术学报，2015，30（24）：222-228，236.

[4] 朱文瑜. 为我国电工科技发展奋斗一生——严陆光院士访谈录（上）[J]. 高科技与产业化，2007（07）：30-31.

[5] 钱存元，韩正之，邵德荣，等. 磁悬浮列车测速定位技术[J]. 上海交通大学学报，2004（11）：1902-1906.

02
第二章

模拟电子技术基础
课程思政教学案例

课程概况

课程名称： 模拟电子技术基础。

学分学时： 4学分，64学时。

教学对象： 电子信息类专业本科二年级学生。

课程类别： 大类基础理论课程（　　　）

　　　　　　学科基础理论课程（　√　）

　　　　　　专业基础理论课程（　　　）

　　　　　　专业核心课程　　（　　　）

课程简介： 模拟电子技术基础是电类学科基础理论课程，是必修课。通过对本课程中常用电子器件、模拟电路及其系统的分析和设计的学习，可以使学生获得模拟电子技术方面的基本知识、基本理论和基本技能。完成学生对给定的模拟电路图的分析能力、合理使用工程和技术工具的能力、解决电子产品系统中实际工程问题的能力的培养。

课程内容包括半导体器件、二极管应用电路、半导体器件的基本放大电路、功率放大电路、差分式放大电路、负反馈放大电路、运算放大器及其应用、信号处理和产生电路、小功率直流稳压电源等。

本课程的教学目的，是培养既具备一定的理论基础，又具有一定的实践能力和创新能力的电气工程领域应用型工程技术人才。通过本课程的学习，使学生掌握电子线路的基本理论和分析方法；了解和掌握常用半导体电子元器件的原理、特性及实际应用中对器件的选用方法，常用集成器件的特性及其应用方法，各种基本单元电路的组成、工作原理及其重要性能指标的估算；具有一定的读图能力和初步设计电路的能力；具有一定的实践动手能力和分析、解决实际问题的能力。借助于现代设计仿真工具，能够将复杂问题较直观地呈现在学生面前，便于他们对知识点的掌握，为学生开拓专业视野，激发学生对学科的兴趣；通过讲解电子技术发展史上的科学家科学发现过程中的励志事例，鼓励学生在人生道路中树立信心，不畏艰难，持之以恒，对科学技术知识要大胆地探索、发现与创新，具有科技强国意识，激发学生的社会责任感及家国情怀，培养合格的社会主义建设人才。

本课程应该遵循三个基本理念：成果导向、以学生为中心和持续改进。转变教学观念，改革教学方法，正确处理课堂讲授与课外学习的关系，除了完成教材上的教学内容之外，还应该考虑能对学生的知识、情感、态度、信念和价值观等的形成起到潜移默化影响的其他教育因素，坚持以学论教、OBE的教学理念。

课程思政设计： 在知识讲述过程中，紧扣智能制造和科技强国的指导思想，适当结合社会热点新闻、国家重要会议和指导文件，在课堂环节中充分利用线上与线下融合的教学方式，为学生开拓专业视野，激发学生对学科的兴趣，调动学生参与课堂的积极性；提升学生的民族自豪感和文化认同，使学生树立时代使命感、社会责任感，激发学生的爱国情怀。为学生的奋斗注入更多、更强的源动力。

　　以灵活、轻松、互动的方式，实现德育与知识的有机结合，推进课堂德育的展开，提升课程内容的授课水平，达到润物细无声的理想效果。

　　授课教师团队：易映萍、谢明、谢素霞、陈国平、季利鹏。

第一节　工匠精神——电工电子技术的发展历史

一　知识点与对应的思政元素

　　在第一节课讲解电子技术课程时，主要讲述基本物理量电流电压、电路基本定律、电子元件的发展[1]，电子技术应用到哪些方面和领域、哪些场景，通过基本物理量电流、电压发现科学家的科研学习故事，例如法拉第十年一本日记本、安培追着马车做题、伏特颤抖的青蛙腿[2]，总结分享他们成功的经验。另外，对于电子技术课程中二极管、三极管、集成电路的知识点，通过讲述电子元器件的发展历史，让学生了解半导体器件发展的历程，培养对事物分析的执着、强大的学习愿望、兴趣、自学的能力，鼓励学生树立信心、不畏艰难、持之以恒，对科学技术知识要大胆地探索、发现。

二　课程思政教学案例

　　1785 年，库仑确定电荷的作用力。

　　1826 年，欧姆提出欧姆定律。

　　1831 年，法拉第发现电磁感应现象。

　　1834 年，雅克比制造出第一台电动机。

　　1864 年，麦克斯韦提出电磁波理论。

　　1895 年，马可尼和波波夫实现第一次无线电通信。

　　1904 年，弗莱明发明第一只真空二极管是人类电子文明的开端，世界也从此迈向电子时代[3]。

　　1906 年，德弗雷斯特在二极管的基础上发明了三极管，使电子管成为了能广泛应用的电子器件，是人类第一次实现电信号的放大，为无线通信奠定了基础，是人类通向信息时代之路上划时代的大事。

　　1946 年，诞生第一台电子计算机，体积庞大，用了 18000 个电子管，占地 170 平方米，重达 30 吨，耗电功率约 150 千瓦，每秒可进行 5000 次运算，在现在看来微不足道，但在当时却是破天荒。第一台电子计算机以电子管作为元器件，故称为电子管计算机，是计算机的第一代。

1947 年，贝尔实验室发明第一只晶体管。19 世纪末，由于半导体材料的发现，许多科学家投入到半导体的深入研究中，物理学家肖克利、巴丁、布拉顿合作发明了三个支点的半导体固体元件晶体管，它的发明开创了固体电子技术时代。

1958 年，得克萨斯公司发明第一块集成电路。

1964 年，Intel 摩尔提出摩尔定律，预测晶体管集成度将会每 18 个月增加 1 倍。

1967 年，出现了大规模集成电路，集成度迅速提高。

1977 年，出现了超大规模集成电路，一个硅片中可以集成 15 万个以上的晶体管。

1988 年，16M DRAM 问世，1 平方厘米大小的硅片上可以集成 3500 万个以上的晶体管。

1997 年，300MHz 奔腾采用 0.25 微米工艺，超大规模集成电路发展到了一个新的高度。

2009 年，Intel 酷睿 i 系列创记录采用了领先的 32 纳米工艺。集成电路的集成度从小规模、大规模到超大规模迅速发展。随着科技的发展，集成电路还会有更高的发展。

图 2.1~图 2.4 展示了电工电子技术历史中的突破性电子器件的诞生和实物。

图 2.1　第一只真空二极管

图 2.2　第一台电子计算机

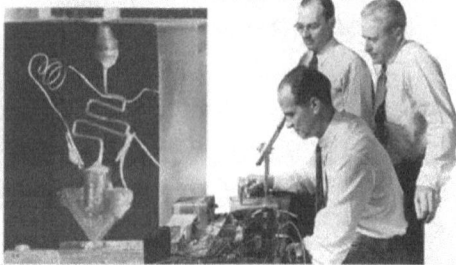

图 2.3　第一只晶体管

图 2.4　第一块集成电路

三　教学反思

电子技术的发展很大程度上反映在元器件的发展上，这些元件由电子管逐渐发展成半导体管，再到集成电路。从 1904 年的电子管问世，科学家经过多年的探索研制出了晶体管，直到 1958 年 TI 在实验室里实现了把电子器件集成在一块半导体材料上的构想，集成电路研制成功。半导体电子元器件是电子技术的基础，而电子技术是电类专业里最核心的课程之一，对于学习后面的课程十分重要，通过电子技术这门课程的学习，学生应该掌握基本的电子技术知识，为后面的专业课打好基础。

参考文献

[1] 邱光源，等. 电路 [M]. 5 版. 北京：高等教育出版社，2006.

[2] 汤敏，王敬时，周童，等.《电路》理论教学中的课程思政方式探索 [J]. 中国电力教育，2020（09）：64-65.

[3] 一点排行网. 世界第一只晶体管：晶体管的发明过程 [EB/OL].

第二节　自主创新——中国第一只晶体管的诞生

一　知识点与对应的思政元素

模拟电子技术课程的教学内容包括了二极管、晶体管、场效应管和基础运放等半导体器件[1]，晶体管是模拟电子技术中最重要最基本的半导体器件。在讲解晶体管这个知识点的时候，除了让学生了解晶体管的世界发展史，更应该让学生了解我国的晶体管的发展史，让学生知道，从中国的第一只晶体管的诞生，到半导体集成电路科研、生产事业飞速发展，取得了极辉煌的成就，它已成为国民经济、国防建设和人民生活现代化的基石，被列为国家高科技的第一项。我们相信中国的半导体集成电路科研、生产一定会屹立于世界之林[2]。

二　课程思政教学案例

1956 年，全国"十二年科学技术远景规划"中提出了四项"紧急措施"，其中之一即在我国立即开始最先进的半导体科学技术的研究。这是一个过去在国内从未教授过的专业，也是从未进行过的研究课题，没有专业人才，没有实验设备仪器，没有参考技术资料，一切都得从零开始。北京大学接收了联合五校（北京大学、复旦大学、东北人民大学、厦门大学和南京大学）的师生，共同担当起培养半导体专业人才的任务。中国科学院应用物理研究所的任务则是组织全国有关科研院所及大专院校的科技人员（以中科院应用物理所和二机部十三研究所为主体），集中到北京东黄城根中国科学院应用物理研究所进行半导体设备、半导体材料、半导体器件和半导体测试的科研攻关。半导体研究室下设半导体材料和物理、半导体器件和半导体电子学三个研究大组。

半导体材料和物理大组组长王守武（兼），组员：洪朝生、戴春洲（武汉大学教授）、姜文甫、周煌、许振嘉、庄蔚华、庄婉如、谢国璋等。器件大组组长吴锡九，器件大组又分为晶体管小组、二极管小组及化学腐蚀小组。晶体管小组有：廖德荣、邓先灿（图 2.5）[3]、常振华、马俊如、李高积、魏淑等。二极管小组有：周帅先、吴汝霖（南京大学教授）、李卫（北京工学院讲师）、黄碧莲、蔡继铎、陈月慧等。化学腐蚀小组有：陈莹瑜、刘家树、过俊石等。电子学大组组长成众志，组员：陈兴信、谭良平、李景林、欧阳景正、陈谋礼、顾泰、陈星弼等。攻关总负责人是应用物理研究所的王守武先生和十三研究所的武尔桢先生。

图 2.5 邓先灿（中）和杭电微电子研究中心的专家

经过了许多次的失败—改进—实验，再失败—再改进—再实验的艰苦循环，1956 年 11 月，在北京东黄城根中国科学院应用物理研究所小楼第二层的半导体器件实验室里，研制出了锗合金结晶体三极管，经过测试组的测试，它不再是开路或通路电阻，而是具有完整的 PN 结特性，具有 PNP 结型晶体三极管的标准放大特性。中国第一只晶体管诞生了，开创了中国划时代的科技进步。由此，中国和发达国家一样，进入了半导体新纪元。

（三） 教学反思

半导体器件对电子技术的发展很重要，而晶体管器件是模拟电子技术的基础，在教学中，不只是介绍半导体器件本身的工作原理，还应该引入晶体管的制作工艺和流程，因为电类专业的学生将来也有可能从事半导体器件的研发和生产。另外，还应该多介绍晶体管器件在工程上的一些实际应用，例如组成的一些实际电路和产品，为学生将来进入工作岗位打下良好的基础。

参考文献

[1] 康华光，等. 电子技术基础：模拟部分 [M]. 5 版. 北京：高等教育出版社，2006.
[2] 易映萍，等. 《模拟电子技术》课程思政探索研究 [J]. 当代教育实践与教学研究，2021（01）：185-186.
[3] 徐红，骆建军，罗志增，等. 引领求索与激励前行的典范——杰出导师邓先灿教授教书育人纪实 [J]. 学位与研究生教育，2013（12）：63-67.

第三节 自主创新——中国第一台半导体收音机

一 知识点与对应的思政元素

模拟电子技术最经典的教学内容为放大电路，利用半导体三极管的电流放大功能可以组成各种电压放大电路，将电流放大转化为电压放大[1, 2]。半导体晶体管的发明使得电子设备的体积大大减小，而半导体晶体管的第一个商业化产品就是半导体收音机，也使得晶体管收音机成为真正的便携式无线收音机。我国从第一个五年计划开始，陆续建立了一批电子产品的骨干工厂和科研单位。

二 课程思政教学案例

1958 年 3 月 11 日，上海宏音无线电器材厂工程师张元震领导的试制小组，与天和电化厂等 9 家工厂以及上海无线电技术研究所共同协作，试制成功国内第一台晶体管收音机。该机为便携式 7 晶体管中波段超外差式收音机，木质外壳，带提手，整机尺寸为 270 毫米×160 毫米×92 毫米。所有 50 多种零件均实现小型化，使用的 7 只三极管和 2 只二极管全部是国外产品。图 2.6 为人民日报报道的我国第一台半导体收音机。

图 2.6 我国第一台半导体收音机

1958 年 8 月，上海无线电技术研究所试制成功第一只上海产锗二极管和锗三极管。上海无线电器材厂用这批国产锗晶体管，于 1959 年国庆 10 周年前夕组装出美多牌 872-1-1 型便携式 7 管中波段超外差式收音机 300 台并投放市场，首次实现了国产晶体管收音机商品化。

20 世纪 60 年代初期，由于早期国产半导体器件质量不稳定，不少人对国产晶体管能否取代电子管持有疑虑。随着人们对半导体器件作用认识的提高和产品质量的不断改进，国产半导体器件工业又继续向前发展。晶体管收音机开始由少量实验性研制、小批试产转入大批量生产阶段。

1962 年 9 月，上海无线电三厂与上海元件五厂等电子元件制造企业合作，试制成功国内第一台全部采用国产元器件的美多牌 28A 型便携式中短波晶体管收音机。当年 10 月投入生产，建立国内第一条晶体管收音机流水生产线（见图 2.7）。

美多 28A 开创了国产晶体管收音机大批量生产的先河，在中国收音机制造工业发展史上具有里程碑意义。此后，国产晶体管收音机产地不断扩大，品种不断丰富，质量不断提升，产量很快超过电子管收音机。图 2.8 展示了上海无线电博物馆内景。

图 2.7　美多 28A 装配线

图 2.8　上海无线电博物馆内景

美多 28A 采用 8 只晶体三极管和 1 只晶体二极管组成超外差式电路，分中波和短波两个波段。外壳系塑料压成，色泽鲜艳，式样美观，结构精致，内部采用印制电路板，所有小型元器件均为国产。整机尺寸为 235 毫米×137 毫米×65 毫米，连电池重 1.36 千克，方便携带，适合在无交流电源条件下或出差旅行时使用。与电子管收音机相比，美多 28A 具有体积小、重量轻、耐振动、寿命长、耗电小和电压低等一系列优点，上市后立即引起轰动。

1983 年，根据国家能源政策，电子管收音机全部被半导体收音机取代。收音机款式从大台式转向袖珍式、组合式，突破了调频、立体声、集成化等关键技术。岁月荏苒，在国企转型升级过程中，上海逐渐退出收音机制造生产。"美多"品牌被部分保留，转向军品开发至今。

㊂　教学反思

半导体晶体管[3]是模拟电子技术课程中最基本也是最重要的内容，在讲解半导体晶体管知识点的时候，可以让学生了解半导体晶体管中最典型的应用之一是半导体收音机。虽然模拟电子技术课程只讲解基本功能电路，并不涉及电子产品，但还是建议在讲放大电路的时候，给学生讲解半导体收音机的构成、工作原理，在半导体收音机中有用到模拟电子技术课程中的哪些基本放大电路，在收音机中主要完成哪些功能，让学生进一步了解半导体晶体管和半导体晶体管放大电路的工程应用[4]。

参考文献

[1] 康华光，等. 电子技术基础：模拟部分 [M]. 5 版. 北京：高等教育出版社，2006.
[2] 陈国平，等. 模拟电子技术 [M]. 北京：机械工业出版社，2020.
[3] 张俊杰. 微电子技术的发展研究 [J]. 现代工业经济和信息化，2018，8（11）：11-12.
[4] 吴有龙，徐楠，杨忠，等. 新工科背景下物联网工程专业"电路与电子学"课程思政教学实践与探索 [J]. 物联网技术，2021，11（02）：118-120.

第四节 卓越人物——中国集成电路领域的科学家

一 知识点与对应的思政元素

在模拟电子技术中，应用最广的模拟半导体芯片是集成运算放大器，主要讲授集成电路发展概况、制作工艺、器件结构、工作原理[1]。我国集成电路产业诞生于二十世纪六十年代，共经历了四个发展阶段。第一阶段是 1965 年到 1978 年，以计算机和军工配套为目标，以开发逻辑电路为主要产品，初步建立集成电路工业基础及相关设备、仪器、材料的配套条件；第二阶段是 1978 年到 1990 年，主要引进美国二手设备，改善集成电路装备水平，以消费类整机作为配套重点，较好地解决了彩电集成电路的国产化；第三阶段是 1990 年到 2000 年，以 CAD 为突破口，为信息产业服务，集成电路行业取得了新的发展；第四阶段是 2000 年到现在，智能手机和消费电子的快速发展带动了集成电路的发展。如今，集成电路已成为我国的战略性产业之一。在推动我国集成电路产业化过程中，有很多科学家做出了巨大贡献。

二 课程思政教学案例

（1）黄敞：中国航天微电子与微计算机技术的奠基人[2]

20 世纪 50 年代初中期，当时国际的半导体、晶体管理论与工艺技术处于研究开发阶段。这一时期，身在美国的黄敞先生把研究重心放在了晶体管理论及制作工艺等半导体前沿科学上，通过在美国多家著名企业和院校进行晶体管理论与技术的探索研究，系统论述了晶体管理论和应用。1959 年黄敞夫妇放弃在美永久居留权和丰厚的待遇，绕道回国，在北京大学、中国科学院计算所任职、任教。1965 年，黄敞先生开始从事航天微电子与微计算机事业，成功研制出固体火箭用 CMOS 集成电路计算机，使我国卫星运载技术跨上了新台阶，也为后续发展奠定了坚实基础。1975 年，主持研制的大规模集成电路、大规模集成的 I2L 微计算机，获得了 1978 年全国第一次科学技术大会质量金奖。

（2）邓中翰：中国芯片之父[3]

2005 年，邓中翰先生领导开发设计出的"星光"系列数字多媒体芯片，实现了八大核心技术突破，这是具有中国自主知识产权的集成电路芯片第一次在一个重要应用领域达到全球市场领先地位，彻底结束了中国"无芯"的历史。邓中翰先生是中国大规模集成电路及系统技术主要开拓者之一，在"星光中国芯工程"中做出了突出成就，被业界称为"中国芯之父"。

（3）沈绪榜：研制 16 位嵌入式微计算机，促进 NMOS 技术的发展[4]

沈绪榜先生一直从事嵌入式计算机及其芯片的设计工作。1965 年，他设计研制了我国第一台国产双极小规模集成电路航天制导计算机，并首次研制出了我国第一台国产 PMOS 中规模集成电路航天制导计算机，促进了中国 PMOS 集成电路技术的迅速发展。1977 年完成了我国第一台国产 NMOS 大规模集成电路航天专用 16 位微计算机及专用大规模集成电路运算逻辑部件 ALU 的研制。

（4）许居衍：创建中国第一个集成电路专业研究所[5]

许居衍先生参与了中国第一个集成电路专业研究所——第二十四研究所的创建，组织中国第一块硅平面单片集成电路的研制定型、参与计算机辅助制板系统及离子注入技术的基础研究，在集成电路工程技术的研究方面做出了创新性贡献。完成了 4K、16K、64K DRAM，八位微机，超高速 ECL，八位数模转换器等重大科技开发工作。是中国微电子工业初创奠基的参与者和当今重点企业的技术创建与开拓者，为中国微电子工业发展做出了重大贡献。

（5）林为干：中国微波之父[6]

林为干先生对中国电磁科学的发展做出了杰出的贡献，其主要科技成就为闭合场理论、开放场理论和镜像理论。在闭合场理论方面，他提出了"一腔多模微波滤波器"的观点，奠定了一腔多模的作用。林为干开展了毫米波技术和宽带光纤技术等方面的系统研究，在国内微波理论方面做出了开拓性贡献，被尊为"中国微波之父"。

（6）吴德馨：国内首次成功研制硅平面型高速开关晶体管[7]

吴德馨先生主要从事化合物半导体异质结晶体管和电路的研究，包括 0.1 微米砷化镓/铝镓砷异质结高迁移率场效应晶体管、砷化镓/铟镓磷异质结双极型晶体管、氮化镓/铝镓氮异质结场效应功率晶体管和研制成功砷化镓/铟镓磷 HBT 光发射驱动电路。在国内首先研究成功硅平面型高速开关晶体管，所提出的提高开关速度的方案被广泛采用，并向全国推广。20 世纪 60 年代末期研究成功介质隔离数字集成电路和高阻抗运算放大器模拟电路，70 年代末研究成功 MOS4K 位动态随机存储器。在国内首先将正性胶光刻和干法刻蚀等技术用于大规模集成电路的研制，并进行了提高成品率的研究；在国内率先提出了利用 MEMS 结构实现激光器和光纤的无源耦合，并研究成功工作速率达 10Gbps 的光发射模块；独立自主开发成功全套0.8 微米 CMOS 工艺技术。

（三）教学反思

在课堂上我们应给学生们观看一些与电子技术发展有关的名人访谈、纪录片，让学生深刻领悟电工电子技术领域前辈们的伟大精神。结合伟大人物的故事可以激发学生爱国热情与情怀，学习科学家对于知识孜孜不倦的求学态度、对于困难顽强攻坚的吃苦精神、对于国家赤子之心的一腔热忱。通过了解中国集成电路史上最具代表性的科学家的卓越贡献，鼓励学生为中国集成电路做出更大的贡献，助力"中国芯"的发展。

参考文献

[1] 康华光，等. 电子技术基础：模拟部分 [M]. 5 版. 北京：高等教育出版社，2006.

[2] 郭晗. 为国家做事　为航天铸芯——访中国航天微电子开拓者黄敞 [J]. 卫星应用，2017（02）：64-65.

[3] 刘丽. 邓中翰：星光熠熠"中国芯"[J]. 中国统一战线，2014（01）：64-65.

[4] 沈绪榜：中国芯片计算机的开拓者 [J]. 发明与创新（大科技），2017（12）：1.

[5] 曹曼雨，何佳芮，许居衍：集成电路中的爱国情怀 [J]. 风流一代，2021（05）：16-17.

[6] 林帆. 中国微波的奠基人——记中科院院士林为干 [J]. 中国人才，2008（21）：42-44.

[7] 陈道隆，高妍. 为了中国的半导体事业——访中国科学院院士吴德馨、王圩 [J]. 科技创新与品牌，2019（11）：30-35.

03
第三章

数字电子技术课程思政教学案例

课程概况

课程名称： 数字电子技术。

学分学时： 3 学分，48 学时。

教学对象： 电气工程及其自动化、测控技术与仪器、电子信息工程、电子科学与技术、通信工程、光电信息科学与工程、电子信息科学与技术、自动化、机器人工程、计算机科学与技术、网络工程、智能科学与技术、生物医学工程、假肢矫形工程、医学信息工程、医学影像技术专业本科二年级学生。

课程类别： 大类基础理论课程（　　　）

　　　　　　学科基础理论课程（　　　）

　　　　　　专业基础理论课程（　√　）

　　　　　　专业核心课程　　（　　　）

课程简介： 数字电子技术是一门专业基础必修课，本课程主要学习数字电路的理论基础。课程主要内容为电子技术基础数字部分的知识，包括：数字逻辑基础、逻辑代数基础、逻辑门电路、组合逻辑电路、锁存器和触发器、时序逻辑电路、脉冲波形的变换与产生等知识。通过本课程的学习，学生可扎实掌握数字电子技术基础知识，具备采用逻辑方法分析电路和设计电路的能力。要培养学生从时序上分析问题和解决问题的能力，并且具有一定的实践动手能力，为后续课程的学习及将来的工作打下坚实的基础。

课程思政设计： 数字电子技术作为一门专业基础课，具有知识点多、课时数少、理论性强、系统性强、逻辑性强的特点。同时，课程学科知识和培养环节中包含着丰富的哲学思政元素，涉及专业学生覆盖面广、人数多，学生正处于世界观、人生观、价值观的形成阶段，正是实施课程思政教育的大好时机。为了增强思政教育的亲和力，帮助学生们树立正确的人生观，培养学生们的家国情怀，将思政内容与数字电子技术课程中的逻辑门电路、组合逻辑电路、锁存器和触发器、时序逻辑电路等知识内容进行深度融合，在传授知识的同时，潜移默化地进行价值引领和思政教育。

虽然我国目前在某些科技领域取得了一些成就，但是在另外一些核心领域依然存在不可忽视的不足之处，这就需要大家的共同努力来补齐短板。教学过程中，通过将我国高科技领域目前切实面临的现状融入理论学习，来激发学生的爱国情怀和为国争光的热情，构建民族责任心和专业荣誉感等。这些教学方式，使思政在课程教学过程中如影随形，必定可以提高人才的培养质量和综合素质。通过"润物无声"的方式将思政元素的种子播撒在学生的心中，使思政教育与专业教育同向同行，提升课程教学"三全"育人的效果。

授课教师团队： 陈国平、谢明、王陆平、李孜、姚磊、罗鞳、王永刚、季利鹏、曹庆梅、谭玉华、田颖、李峰、韦晓孝、苏胜君。

第一节 自主创新——中芯国际困局

一 知识点与对应的思政元素

通过对数字电子技术课程的认真学习，同学们应该基本上能够掌握数字逻辑门电路的基础知识，包括 TTL 逻辑门电路、MOS 逻辑门电路的构成等。然而，以这些逻辑门电路为基础设计出来的数字集成电路如何生产制造出来[1]？目前我国的集成电路生产制造与世界一流工艺水平的集成电路生产制造又存在哪些差距？我国的集成电路生产制造如何才能迎头赶上甚至超越世界一流工艺水平[2]？这些都是需要我们思考和面对的问题。

MOS 的全称是 MOSFET（metal-oxide-semiconductor field-effect transistor），金属-氧化物-半导体场效应晶体管，是一种可以广泛使用在模拟电路与数字电路中的场效应晶体管（field-effect transistor）。MOSFET 依照其"导电沟道"（工作载流子）的极性不同，可分为"N 型"与"P 型"两种类型，通常又称为 NMOSFET 和 PMOSFET，简称为 NMOS 和 PMOS。NMOS 和 PMOS 分别主要由电子和空穴的移动来进行导电，具有互补的特性，两个结合在一起就可以构成具有互补特性的 CMOS 电路。与 TTL 电路相比，在生产制造集成电路（integrated circuit）时，CMOS 电路具有功耗低、速度快、易集成等更多的优点。现在设计数字电路全部采用 CMOS 电路，模拟电路也基本上是采用 CMOS 电路与数字电路设计在一起，这些电路都需要采用最先进的工艺技术集成在芯片里面一起生产制造出来[3]。

集成电路的生产制造目前在全世界处于领先地位的企业有台湾积体电路制造股份有限公司（中文简称"台积电"，英文简称"tsmc"）、三星和 Intel 公司，而中芯国际集成电路制造有限公司与上述几家公司相比，技术上有落后 3~5 年的差距。台积电现在已经量产了 7nm 工艺的集成电路，而中芯国际目前已经量产的还是 14nm 工艺的集成电路。为了尽早实现 10nm 以下工艺集成电路的量产，中芯国际从荷兰 ASML 公司订购了一台价值 1.5 亿美金的世界上最先进的 EUV 光刻机（见图 3.1），因为受到来自美国的压力，荷兰政府扣留了 EUV 设备出口到中国的许可证，因而中芯国际一直都未能收到荷兰 ASML 公司本应该在 2019 年初就发货过来的一台 EUV 光刻机，其通过引进最先进 EUV 光刻机提升工艺水平的途径因此受阻。

芯片制程最关键的一环就是光刻机，就目前而言，上海微电子（SMEE）是我国唯一的一家光刻机生产商，但至今仍停留在 90nm 工艺，与全球顶尖的光刻机能

图 3.1　ASML 光刻机

够实现的工艺水平差距巨大。

　　人才的培养往往离不开创新，在某些全球最顶尖的科学技术领域，可能更需要在传承的基础上创新，或者另辟蹊径弯道超车。数字电子技术课程教学内容所涉及的数字电路，都需要在芯片中实现，这就需要我们在讲授知识时与现在的集成电路制造业现状相结合，让我们的学生能对行业现状有着更加深刻的了解和认知。我们要培养学生们创新实践的精神，要使他们既要拥有坚定不移的自主创新和勇于拼搏的精神，又要有敢于走不同寻常路的勇气。

二　课程思政教学案例

　　为了破解因为 EUV 光刻机引进受阻而造成的工艺水平难以提升的困局，中芯国际在联席 CEO 梁孟松博士的带领下研发了最新的"N+1"工艺，绕开了 7nm 芯片的生产工艺，但是生产出来的芯片在性能上又和使用 7nm 工艺生产出来的芯片相差不大。所谓"N+1"工艺是中芯国际在第一代先进工艺 14nm 量产之后的第二代先进工艺的代号。根据中芯国际联席 CEO 梁孟松博士此前公布的信息显示，N+1 工艺和现有的 14nm 工艺相比，性能提升了 20%，功耗降低了 57%，逻辑面积缩小了 63%，SoC 面积减少了 55%。从逻辑面积缩小的数据来看，与 7nm 工艺相近，图 3.2 展示了制作硅半导体电路所用的晶圆。梁孟松博士也表示，N+1 工艺在功耗及稳定性上跟 7nm 工艺非常相似，但性能要低一些（业界标准是提升 35%），所以中芯国际的 N+1 工艺主要面向低功耗应用。而在 N+1 之后，中芯国际还会有 N+2，这两种工艺在功耗上表现差不多，区别在于性能及成本，N+2 显然是面向高性能的，成本也会增加。

目前，中芯国际 28nm、14nm、12nm 及 N+1 等技术均已进入规模量产，7nm 技术的开发也已经完成，这些技术是在原来的 DUV 光刻机基础上能够实现工艺的极致水平。5nm 和 3nm 的最关键，也是最艰巨的 8 大项技术也已经有序展开，期待 EUV 光刻机的到来，然后进入全面开发阶段。

图 3.2　晶圆

目前的状况下，中芯国际如果想要从当下的困境中突围，有三条道路可以选择。

第一条道路，成功引进 ASML 公司的 EUV 光刻机。显然，这个是最快的捷径。中芯国际也一直在与 ASML 公司接触和谈判，准备引进 EUV 光刻机之后尽快研发 7nm 以下的工艺。

第二条道路，应该绕开 EUV，研发下一代的半导体技术。

第一代的半导体材料，最早用的是锗，后来从锗变成了硅，因为硅的产量多，技术开发得也很好，所以基本上已经取代了锗。但是到了 40 纳米以下，锗的应用又出现了，锗硅通道可以让电子流速度很快。

第二代是使用复合半导体材料，比如我们常用的是砷化镓或者磷化铟，这些可以用在功放领域，早期它速度比较快。但是因为砷含剧毒，所以现在很多地方都禁止使用，砷化镓的应用还是局限在高速的功放功率领域。磷化铟用来做发光器件，比如 LED。

到了第三代，更好的化合物材料出现了，包括碳化硅、氮化镓、氮化铝等。碳化硅在高电压、大功率等领域有着特别的优势；氮化镓的转换频率可以很高，所以常被用在高频功放器件领域；氮化铝用于特殊领域，民用涉及得比较少。

第三代半导体，它遵循的不是摩尔定律，而是后摩尔定律，第三代半导体的设备不是特别贵，线宽也不是很小，投资不是很大，但材料不容易做，设计上也需要有优势。所以我国的集成电路制造业还可以在材料上深耕以求突破。

第三条道路，研发先进封装和电路板技术。随着集成电路线宽减小到接近摩尔定律的极致，后摩尔时代的发展趋势是要研发先进封装和电路板技术，也就是集成芯片，我国的集成电路制造业在先进工艺、先进封装和电路板技术方面都应该大力发展。

以上都是业界领军人物在探讨中给出的意见。从中芯国际事件我们也可以看出，在核心技术上我们不能有任何幻想，不管是什么企业，都要自主创新去研发。虽然中芯国际突破目前的困境会有一个过程，但是进行自主创新的研发之路永远都会是我国企业必须坚定地走下去的道路，也是我们广大的理工科学生们必须肩负起来的未来使命。

三　教学反思

将思政内容融入数字电子技术课程理论教学过程中，能够显著激发同学们的学习热情，做到"春风化雨、润物无声"。课程教师要理解课程思政的理念与意义，意识到自身需要承担的育人功能，深入挖掘"数字电子技术"课程中所蕴含的思想政治教育资源。在教学实施方式上，要将思政元素和知识点有机融合，做到潜移默化、相互渗透，使思政教学成效逐步提升，达到良好的育人效果。

通过引入中芯国际困局事件，让学生明白"自主创新、核心科技"是强国之重器，坚定"科技兴国"的理想信念。思想政治元素与专业知识的有机融合，让思想政治教育潜移默化地在专业知识的学习中被学生所接受，逐步形成"知识传授、价值塑造、能力培养"三位一体的课程教学体系，使知识传授与德育引领形成同频共振。关键核心技术是国之重器，激励学生们更要勤奋学习，积极掌握技能，提高自主创新能力。

科技创新往往需要我们一代又一代人的共同努力，把握当下去创造未来。直面我国高新科技公司发展所面临的挑战，需要我们科技企业能够努力奋进，奋勇拼搏。企业的进步和未来的发展离不开创新型人才，我们要培养具有创新精神、创造意识、创新思维、创新能力的自立自强的人才。要让学生理解国家技术创新、促进人才发展战略的重要意义，并让同学们自己通过努力学习成长为国之栋梁，让同学们的光彩照耀中华大地。

参考文献

[1] 覃爱娜, 李飞, 陈革辉, 等. 《数字电子技术》课程思政建设与实践探索 [J]. 创新创业理论研究与实践, 2020, 3 (24): 10-12, 15.

［2］张丽，王立国，刘景艳，等. 课程思政视角下数字电子技术教学改革实践与探索［J］. 教育教学论坛，2020（26）：93-95.

［3］张丽，王立国，刘景艳，等. 数字电子技术课程思政元素挖掘及教学大纲设计［J］. 中国教育技术装备，2020（13）：78-79, 84.

第二节 自主创新——无人驾驶

一 知识点与对应的思政元素

通过对数字电子技术课程的认真学习，同学们能够了解并掌握数字电子电路知识中的基本定律，主要包括触发器和时序逻辑电路等。这些数字电子技术应用到现实生活中的场景以及各种科技产品，将理论知识与实际生活内容结合起来并融会贯通。

触发器内容是，在实际的数字系统中往往包含大量的存储单元，而且经常要求它们在同一时刻同步动作，为达到这个目的，在每个存储单元电路上引入一个时钟脉冲（CLK）作为控制信号，只有当 CLK 到来时电路才被"触发"而动作，并根据输入信号改变输出状态。把这种在时钟信号触发时才能动作的存储单元电路称为触发器，以区别没有时钟信号控制的锁存器。数字电子技术是无人驾驶的计算机科学、模式识别和智能控制等核心技术的理论基础。

20 世纪 70 年代开始，美国、英国、德国等发达国家开始进行无人驾驶汽车（见图 3.3）研究，在可行性和实用化方面都取得了突破性进展。中国从 20 世纪 80 年代开始进行无人驾驶汽车的研究，国防科技大学在 1992 年成功研制出中国第一辆真正意义上的无人驾驶汽车。

图 3.3　无人驾驶汽车

无人驾驶汽车是通过车载传感系统感知道路环境，自动规划行车路线并控制车辆到达预定目标的智能汽车。它根据感知所获得的道路、车辆位置和障碍物信息，控制车辆的转向和速度，从而使车辆能够安全、可靠地在道路上行驶。集自动控制、体系结构、人工智能、视觉计算等众多技术于一体，是计算机科学、模式识别和智能控制技术高度发展的产物，也是衡量一个国家科研实力和工业水平的重要标志，在国防和国民经济领域具有广阔的应用前景。基于以上各种问题，会发现计算机科学、模式识别和智能控制等是未来无人驾驶科技的核心，而数字电子技术是无人驾驶的计算机科学、模式识别和智能控制等核心技术的基础理论课程，担负着电学相关学科基础知识的学习，更是基础理论的奠基石。通过学习课程，同学们能对数字电子技术课程有着更加深刻的了解和认知。

在课程中，紧扣智能制造和科技强国的指导思想，适当结合社会热点新闻、国家重要会议和指导文件，基于产出导向的理念（OBE 理念），在课堂环节中充分利用线上与线下融合的教学方式进行教学[1-3]。以社会新闻解读、国家芯片解密、指导精神进课堂等主题创建线上课程和微课小视频，增加学生对课程的参与度，丰富课堂教学环节和授课方式，调动学生参与课堂的积极性[4-6]。增强学生科技强国和创新意识，培养和增强学生的爱国情怀和民族使命感，为学生的奋斗注入更多、更强的源动力。以灵活、轻松、互动的方式，实现德育与知识的有机结合，推进课堂德育的展开，提升课程内容的授课水平，达到润物细无声的理想效果。

二　课程思政教学案例

2014 年 7 月 24 日，百度已启动无人驾驶汽车研发计划。根据规划，该无人驾驶汽车可自动识别交通指示牌和行车信息，具备雷达、相机、全球卫星导航等电子设施，并安装同步传感器。车主只要向导航系统输入目的地，汽车即可自动行驶，前往目的地。在行驶过程中，汽车会通过传感设备上传路况信息，在大量数据基础上进行实时定位分析，从而判断行驶方向和速度。百度方面证实，百度已经将视觉、听觉等识别技术应用在无人汽车系统研发中。

2018 年 4 月 20 日，美团和百度已经达成协议，计划率先在雄安试验无人驾驶送餐。2018 年 11 月 1 日，百度世界大会上，百度与一汽共同发布 L4 级别无人驾驶乘用车。2018 年 12 月 28 日，百度 Apollo 自动驾驶全场景车队在长沙高速上行驶。2019 年 6 月 21 日消息，长沙市人民政府颁布了《长沙市智能网联汽车道路测试管理实施细则（试行）V2.0》，并颁发了 49 张自动驾驶测试牌照。其中百度 Apollo 获得 45 张自动驾驶测试牌照，百度在长沙正式开启大规模测试，自动驾驶见图 3.4。

2019 年 8 月 30 日，由百度和一汽联手打造的中国首批量产 L4 级自动驾驶乘用车——红旗 EV，斩获 5 张北京市自动驾驶道路测试牌照，此前，红旗 EV 已经

图 3.4　自动驾驶

在湖南长沙长达 135 公里的城市开放测试道路上开展测试。至此，红旗 EV 正式开启了北京、长沙两地的自动驾驶"征战之旅"。红旗 EV 由中国首条 L4 级自动驾驶乘用车前装生产线生产而成。2019 年 9 月 8 日报道，由百度 Apollo 与一汽红旗联合打造的中国首批 L4 乘用车，已经运抵长沙。2019 年 9 月 26 日消息，百度在长沙宣布，自动驾驶出租车队 Robotaxi 试运营正式开启。首批 45 辆 Apollo 与一汽红旗联合研发的"红旗 EV"Robotaxi 车队在长沙部分已开放测试路段开始试运营，百度无人驾驶汽车 Apollo 如图 3.5 所示。

图 3.5　百度无人驾驶汽车

2020 年 10 月 11 日，百度官方微博发布消息，即日起，百度自动驾驶出租车服务在北京全面开放，用户可在海淀、亦庄的自动驾驶出租车站点，无需预约，直接下单免费试乘自动驾驶出租车。

无人驾驶是未来的科技趋势。在未来的研究道路上，需要众多科学家、工程师、技术人员坚持不懈努力，对祖国科技强国战略的支持与热血，自主创新、自力更生、奋发图强。这些前沿科技运用了大量的专业知识和原理，而数字电子技术的理论知识是这些专业核心和原理的基础知识，比如触发器和时序逻辑电路。因此，我们要首先学习数字电子技术基础理论知识，并掌握灵活运用数字电子技术知识的能力，建设世界科技强国。

三　教学反思

在新兴科技的发展历程中，我们要瞄准世界科技前沿，激发创新活力，坚持党对科技事业的领导、坚持建设世界科技强国的奋斗目标、坚持走中国特色自主创新道路、坚持以深化改革激发创新活力、坚持创新驱动实质是人才驱动、坚持融入全球科技创新网络，要充分认识创新是第一动力，要把握数字化、网络化、智能化融合发展的契机，以信息化、智能化为杠杆培育新动能。要矢志不移自主创新，坚定创新信心，着力增强自主创新能力。只有自信的国家和民族，才能在通往未来的道路上行稳致远。树高叶茂，系于根深。自力更生是中华民族自立于世界民族之林的奋斗基点，自主创新是我们攀登世界科技高峰的必由之路。我国广大科技工作者要有强烈的创新信心和决心，既不妄自菲薄，也不妄自尊大，勇于攻坚克难、追求卓越、赢得胜利，积极抢占科技竞争和未来发展制高点。要以关键共性技术、前沿引领技术、现代工程技术、颠覆性技术创新为突破口，敢于走前人没走过的路，努力实现关键核心技术自主可控，把创新主动权、发展主动权牢牢掌握在自己手中。通过数字电子技术这门课程的学习，为新兴科技的核心技术研究打下坚实的基础。

参考文献

［1］齐萌，赵国增."数字电子技术"在线开放课程建设实践［J］.科技视界，2020（36）：21-23.

［2］焦冬莉，赵永强，刘青芳，等.基于新工科理念的分组项目式教学的探索与实施——以《数字电子技术》课程为例［J］.今日财富：中国知识产权，2020（12）：178-179.

［3］侯淑萍."数字电子技术"课程"金课"建设探索与实践［J］.科技风，2020（31）：118-119.

［4］辛元芳.浅谈电子技术系统教学研究［J］.科技视界，2020（33）：21-22.

［5］杨真理.基于"互联网+"《数字电子技术》课程智慧课堂建设探索［J］.电子测试，2020（21）：129-130.

［6］马忠法.邓小平"科学技术是第一生产力"思想的实现途径及时代价值［J］.邓小平研究，2020（05）：1-12.

第三节　工程伦理——小脉冲波和大系统

一　知识点与对应的思政元素

脉冲波形占空比的变化，形成了脉冲宽度调制波，也就是俗称的 PWM 波[1]。

脉冲宽度调制是一种对模拟信号电平进行数字编码的方法。通过高分辨率计数器的使用,方波的占空比被调制用来对一个具体模拟信号的电平进行编码。PWM 信号仍然是数字的,因为在给定的任何时刻,满幅值的直流供电要么完全有(ON),要么完全无(OFF)。电压或电流源是以一种通(ON)或断(OFF)的重复脉冲序列被加到模拟负载上去的。通的时候即是直流供电被加到负载上的时候,断的时候即是供电被断开的时候。只要带宽足够,任何模拟值都可以使用 PWM 进行编码。

随着电子技术的发展,出现了多种 PWM 技术[2],其中包括:相电压控制 PWM、脉宽 PWM、随机 PWM、SPWM、线电压控制 PWM 等。PWM 控制技术以其控制简单、灵活和动态响应好的优点而成为电力电子技术最广泛应用的控制方式,也是人们研究的热点。

以数字方式控制模拟电路,可以大幅度降低系统的成本和功耗。目前,许多微控制器和 DSP 已经在芯片上包含了 PWM 控制器,这使数字控制的实现变得更加容易了。

一个不起眼的脉冲波形,在控制系统中充当了一个举足轻重的角色。我们一个人的力量虽然微弱,但是,只要我们努力学习努力奋斗,也可以像脉冲波形一样,对国家、对社会、对学校,以及对家庭做出杰出的贡献。

和伟大的科学家相比较,同学们宛如沧海一粟,但是也不要妄自菲薄,只要努力学习,努力拼搏,每个人都有可能成为一颗闪耀的螺丝钉,都能为国家和社会做出不可磨灭的贡献。

（二） 课程思政教学案例

传统船舶是通过齿轮箱和调整原动机出力来实现调速的,而船舶电力推进说白了就是原动机输出的能量用于发电,再用电能驱动电动机推动船舶前进[3]。船舶电力推进的优点:①由于能量只要拉根电线就可以传输了,推进轴系被大大简化。②原动机可以在舰船内部自由布置,便于船舶设计,军用的话还便于红外隐身设计。③不同的原动机可以自由地工作在不同工况,实现最高效率。④不需要机械齿轮箱,节约成本与体积;噪声更小,客船坐着舒服,军舰利于反潜。一百多年前就已经诞生了最早的电力推进船舶,潜艇更是很早就采用电力推进,然而直到 20 世纪 80 年代随着大功率电力电子元件的发展,电力推进才开始大规模应用到船舶工业。

在船舶电力推进系统中,需要调节电动机输入电压的幅值、相位和频率来改变电动机的速度,而电动机输入电压的改变是通过电机控制器中 MCU 所输出脉冲波形的宽度或周期的变化来控制逆变器或变频器的工作状态。据有关资料显示,电传动的效率为机械传动的 116%,机械传动的效率难以再有什么革命性的进步,而电传动的效率仍有进步空间。

中国在船舶电力推进系统核心设备和技术方面取得举世瞩目的重大成果，马伟明（如图 3.6 所示）是中国在该领域的领军人物，他在舰船动力方面几十年的艰苦攻关，使我国海军舰艇拥有了中国人自己设计制造、完全自主知识产权的"中国芯"；在全电力推进系统等先进军事技术上写下了中国人的名字，让我国在这些领域完成了从"跟跑者"到"领跑者"的转变。

图 3.6　马伟明院士

三　教学反思

虽然脉冲波形仅仅是课程中的一个不起眼的知识点，但它却是一个庞大的复杂的控制系统的关键内容，通过脉冲波形的变化就可以实现对电动汽车、电动船、电气化列车等电动设备的控制。离开了小小的脉冲波形，庞然大物就无法动弹；脉冲波形如果出现畸变等不正常的情况，将严重影响到电动设备的性能和工作。所以，同学们在学习知识的时候，一定要扎扎实实地学习，熟练掌握每一个知识点。不积跬步，无以至千里，说的就是这个道理。

| 参考文献

[1] 彭力，林新春，康勇，等. 数字控制高频变换器的新颖 PWM 方法 [J]. 中国电机工程学报，2001（10）：48-52.
[2] 周国华，许建平. 开关变换器调制与控制技术综述 [J]. 中国电机工程学报，2014，34（06）：815-831.
[3] 施伟锋，陈子顺. 船舶电力系统建模 [J]. 中国航海，2004（03）：66-71.

第四节　DISIJIE　卓越人物——张文军教授

一　知识点与对应的思政元素

通过对数字电子技术课程的认真学习，同学们应该能够了解并掌握数字电子电路中数字信号的相关知识，主要包括数字信号的存储、处理和传输。在自然界中许多物理量在时间上是连续变化的，幅值上也是连续取值的，这种连续变化的物理量称为模拟量，表示模拟量的信号称为模拟信号。数字信号与模拟信号相对应，它们是在一系列离散的时刻取值，数值的大小和每次的增减都是量化单位的整数倍，即它们是一系列时间离散、数值离散的信号。

随着我国科学技术的不断发展,4K/8K超高清数字电视逐渐开始走入千家万户,大幅度提高了人们的生活质量。高清数字电视不仅能够进行大容量数据传输,且速度更快,能够为用户提供更高质量的画面[1]。

高清数字电视中主要涉及视频数据的编码及信号传输。在数字电子电路中存储或处理的信息,常常是用二进制代码表示的。用一个二进制代码表示特定含义的信息称为编码。具有编码功能的逻辑电路称为编码器。译码是编码的逆过程,它的功能是将特定含义的二进制代码转换成对应的输出信号,具有译码功能的逻辑电路称为译码器[2]。通过本课程学习,同学们应该掌握编码器、译码器以及逻辑电路的分析和设计等知识。在数字电子电路中,串行数据传输使用一条数据线,将数据一位一位地依次传输,每一位数据占据一个固定的时间长度。只需要少数几条线就可以在系统间交换信息,特别适用于计算机与计算机、外设之间的远距离通信。并行数据传输指的是:数据以成组的方式,在多条并行信道上同时进行传输,是在传输中有多个数据位同时在设备之间进行的传输。其特点是传输速度快,但当传输距离较远、位数又多时,就导致通信线路复杂且成本提高。

4K/8K超高清数字电视的普及是我国科学技术飞速进步的象征,同时也是我国先进制造能力的具体体现。在课堂中讨论国内外超高清数字电视的发展情况,并教授学生在超高清数字电视中涉及的数字电子技术知识。让同学们在形象、生动、有趣的课堂中学习丰富的数字电子电路知识。同时,引导同学们思考超高清数字电视技术的未来发展趋势以及我们可以做出怎样的贡献,以达到课程思政的目的,收获实际成效。

㈡ 课程思政教学案例

近年来,数字影院、IPTV与直播到户卫星TV是推动超高清数字电视发展的基础。2015年至今,世界范围内超高清数字电视频道的规模呈几何型递增,目前增速更是超过二十个百分点。在我国4K技术仍处于开始阶段。现阶段,CCTV总台4K系统的技术与节目产量在我国均居首位,目前已有超过五十套的编辑工作站,经有线TV系统传输的4K春节联欢晚会与Ultra HD点播都为我国4K Ultra HD的发展奠定了良好的基础,近年来CCTV很多节目内容都实现了4K Ultra HD播出[3]。

高清数字电视要克服的技术关键是:高清视频压缩编码。视频压缩编码技术借助新型压缩技术有效处理原始传输数据,使数据可以适应多种网络技术传输要求[4]。例如,在处理4K超高清电视信号时,原始数据码率为2.78 Gb/s,如果将其转化为8K信号,则码率将达到11Gb/s。如果按照原始的H.264视频压缩处理模式,可实现将 4K 原始数据压缩为 20Mb/s，仍会给当前带宽带来较大压力。因此，需要采用更加高效的压缩技术，在提高传输效率的同时，缓解当前带宽的压力。由 ITU-T 视频编码组与移动视频专家组组成的联合编码小组，共同提出新的高效率视频编码标准（High Efficiency Video Coding，HEVC）。与传统的 H.264 视频压缩标准相比，HEVC 的压缩效率大大提升。HEVC 主要包含编码单元、预测单元以及变换单元，三者相互独立且功能完善，能够实现块像素的解码与重构。HEVC 预测单元有多种帧内部预测方式，在提升数据精准度的基础上，有效保留了 H.264 滤波器，并在其基础上增设高效滤波器，提升过滤效果的同时，也拓宽了过滤范围。

我国高清数字电视技术虽然处于开始阶段，但发展速度快、质量高、创新性强。提到我国高清数字电视，一定得介绍我国高清数字电视领军人——张文军。在中国数字电视领域，上海交通大学原副校长张文军称得上标志性人物。1995 年，张文军受聘担任国家重大科技产业工程项目"数字高清晰度电视（HDTV）功能样机系统研究开发工程"总体组组长。他在多路并行编码及子图间码率分配、高速数据采集与分路处理、编码器码率控制与图像质量提高等多方面高难度技术有突破。

③ 教学反思

数字电子电路技术的更新与发展，有效解决了电视信号的传输问题，促进超高清电视行业快速发展。高清数字电视越来越多地在人们日常生活中普及开来，从侧面体现人们的需要。而大学生作为未来社会的中流砥柱，不仅要学好理论知识，更要有不畏困难、自主创新的精神。当今世界正经历百年未有之大变局，中国正面临着更严峻的困难和挑战。高校作为学科和人才聚集地、育人高地、创新发源地，必须主动承担攻关克难的责任，发挥课堂思政的优势，潜移默化地影响教育学生，不断为社会为国家发展输送人才。所以本课程不仅重视学生专业知识的教学，也注重学生科学创新思维的培养，最大化地发挥课程思政的优势。

参考文献

［1］黄志军. 高清标清无线数字电视信号传输的优势和发展趋势［J］. 卫星电视与宽带多媒体，2020（13）：169-170.

［2］康华光. 电子技术基础.数字部分［M］. 6 版. 北京：高等教育出版社，2014.

［3］孙家琪. 8K 超高清数字电视技术发展趋势［J］. 卫星电视与宽带多媒体，2020（10）：17-19.

［4］戴雨. 超高清数字电视视频压缩编码技术［J］. 电视技术，2021，45（04）：19-20，29.

04
第四章

单片机原理
课程思政教学案例

课程概况

课程名称： 单片机原理。

学分学时： 3学分，48学时。

教学对象： 电气工程及其自动化专业本科三年级学生。

课程类别： 大类基础理论课程（　　　）

　　　　　　学科基础理论课程（　　　）

　　　　　　专业基础理论课程（　√　）

　　　　　　专业核心课程　　（　　　）

课程简介：

① 课程定位：单片机原理是电气工程及其自动化专业基础课程，是一门面向应用的、实践性与综合性较强的课程。

② 课程内容：本课程主要介绍MCS-51系列单片机的基本概念、基本原理、硬件结构、指令系统、汇编语言程序设计、中断系统、扩展技术以及单片机应用技术。核心学习成效：通过本课程的学习，学生掌握单片机的基本原理、汇编语言和C语言编程技术，以及常用系统接口扩展技术、常用应用扩展技术，具备设计一个具有一定应用规模系统的能力，并打下进一步学习相关课程的基础，基本掌握本课程的技术文献检索及分析方法。

③ 教学方法：基于产出导向的理念（OBE理念），采取线上线下混合式教学方式，采用课堂讲授与讨论、视频案例分析、硬件软件调试、小组大作业设计等灵活多样的教学方法。

课程思政设计： 单片机原理课程中蕴含的思政育人元素，使学生了解我国单片机的发展现状，增强科学担当和使命感。鼓励学生在今后的科研和工作中支持国家芯片产业的发展和壮大。

授课教师团队： 罗鞾、夏鲲、袁庆庆。

第一节 使命责任——集成电路发展历史

一 知识点与对应的思政元素

对于当今人类文明，芯片的重要性不言而喻。它不仅事关国家安全，现代化的战斗机、军舰或坦克上都安装有大量芯片，也时刻改变着我们的生活，手机、电脑、家用电器、自动驾驶汽车等，几乎都离不开芯片[1]。目前，我国芯片自给率仍然较低，核心芯片缺乏，高端技术长期被国外厂商控制，芯片已成为中国第一大进口商品，严重威胁国家安全战略。因此，在讲解单片机原理这门课程时，不仅要让学生学习单片机知识，更应结合当前国际形势，介绍芯片的发展历史和产业规律，让学生们认知专业学习的意义，明白专业学习的目标和方向，增强学生的爱国主义情怀和主人翁担当意识[2]。

二 课程思政教学案例

芯片是半导体元件产品的统称，是集成电路的载体，是一种将电路（主要包括半导体设备，也包括被动组件等）小型化的方式，并时常制造在半导体晶圆表面上。

19世纪30年代到20世纪初，英国、法国、德国、美国科学家不断发现半导体存在的诸多特征[3]。随后，半导体领域开始经历从电子管、晶体管到集成电路、超大规模集成电路历程。1946年2月14日，世界上第一台电子数字计算机ENIAC（埃尼阿克）在美国问世，如图4.1所示。这部机器使用了18800个真空管，长50英尺（1英尺为30.48厘米），宽30英尺，占地1500平方英尺，重达30吨。它的诞生具有划时代的意义，对人类历史的发展产生了极其深远的影响。

图4.1 世界上第一台电子数字计算机ENIAC

1947年12月23日，第一个晶体管在美国的贝尔实验室诞生，使晶体管代替电子管成为可能。20世纪50年代起，晶体管开始逐渐替代真空电子管，并最终实现了集成电路和微处理器的大批量生产。1959年，美国仙童半导体公司的诺伊斯（Robert Noyce）写出打造集成电路的方案，并发明了世界第一块硅集成电路；1966年，美国贝尔实验室使用比较完善的硅外延平面工艺，制造出第一块公认的大规模集成电路。如图4.2所示。

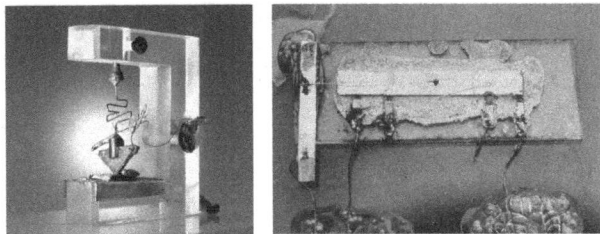

图 4.2　世界上第一个晶体管和第一块集成电路

苏联 1953 年已研究出第一批点接触锗型晶体管。1956 年，硅晶体管问世，仅比美国晚 6 年。可是由于内部斗争，在 1956 年苏联部长会议的一次讨论中，得出"晶体管永远不会成为一个有用的东西，让社会保障机构去研究"的结论。

20 世纪 50 年代中期，中国开始发展半导体，并逐渐缩短与美国的距离。1956 年，中国电子工业被列为重点发展目标，中国科学院成立了计算技术研究所（简称中科院计算所），北京大学还设立半导体专业。1958 年，上海组建华东计算技术研究所、上海元件五厂、上海电子管厂、上海无线电十四厂等。1960 年，夏培肃（女）院士自行设计的 107 计算机研制成功，并被安装在中国科学技术大学。1964 年，计算机专家吴几康成功研制中国第一台自主设计的晶体管 119 计算机。107 计算机和 119 计算机的实物图如图 4.3 所示。

图 4.3　107 计算机和 119 计算机

1965 年，中国自主研制的第一块单片集成电路在上海诞生。中国步入集成电路时代仅比美国晚了 7 年，可是比韩国早 10 年。电子工业部第 13 研究所的金圣东、赵正平在一篇回忆文章中写道："集成电路丧失了 10 年左右的时间。起步较早的集成电路产业，机会失去了，落伍了。"而此时，引领世界半导体行业的美国在持续发展。日本则积极引进美国技术，发展半导体产业[4]。

1965 年，戈登·摩尔（Gordon Moore）提出摩尔定律（见图 4.4）。1968 年，美国一家无线电公司研究团队成功研发了第一个互补金属氧化物半导体（CMOS）集成电路。CMOS 器件的发明又有效地实践了摩尔定律。同年，罗伯特·诺伊斯（Robert Noyce）和戈登·摩尔（Gordon Moore）创立了英特尔（Intel）公司。

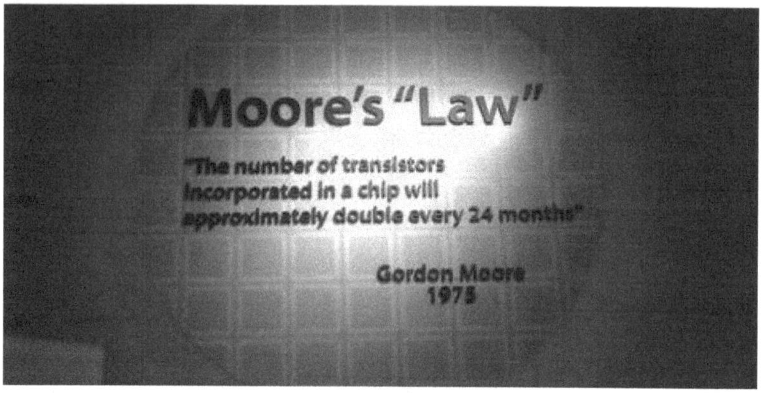

图 4.4　摩尔定律

　　中国一直到 1970 年，哈尔滨军事工程学院（简称哈军工）才研制出中国第一台具有分时操作系统和汇编语言、FORTRAN 语言及标准程序库的计算机 441B-Ⅲ。1972 年，美国总统尼克松访华，中国才开始从美国引进技术。由于从美国引进技术，1975 年，上海无线电十四厂成功开发出当时中国最高水平的 1024 位移位存储器，达到国外同期水平；同年，中科院 109 厂生产出中国第一块 1024 位动态随机存储器，这一技术尽管比美国、日本晚了四五年，但是比韩国要早四五年。

　　1982 年 10 月，国务院成立了"电子计算机和大规模集成电路领导小组"，制定中国芯片发展规划。航天 691 厂技术科长侯为贵，1985 年在深圳创立了中兴通讯的前身中兴半导体。

　　由于大规模压缩科研经费，国内半导体技术与正在加大投资积极发展半导体产业的美国、日本的技术差距迅速拉大，甚至被韩国彻底甩开。直至 1988 年，甘肃天水天光集成电路厂绍兴分厂被改组成为绍兴华越微电子公司，建立了中国第一座 4 英寸（1 英寸为 2.54 厘米）晶圆厂。同年 9 月，上海无线电十四厂与上海贝尔（美国贝尔中国分公司）联合成立上海贝岭，成为中国微电子行业第一家上市公司（见图 4.5）。最近十年中国芯片产业增长迅速，已有超过两千家芯片厂商，可以量产 14 纳米的芯片，产业链逐步从中下游向中上游移动，国家对芯片的产业政策更加密集，力度也在加大。

　　回顾芯片发展历程，集成电路投资和早期亏损规律是世界各国发展该产业的历史经验，也是后发展国家想要突破发达国家技术封锁必然要经历和克服的困难。无论是美国、日本还是韩国，芯片产业都主要是通过政府战略计划扶持发展起来的。这种关系到国家长远发展和国计民生的重大产业，在社会主义的中国，更毫无疑问地应该由国家主力牵头，国企承担，要不惜一切代价把半导体和集成电路的技术水平提高到国际一流水准上去[5]。

图 4.5　中国微电子行业第一家上市公司

三　教学反思

思考我国在全球经济中所处的现状，我国芯片产业的发展已经到了最迫切的关键时期，我们都是中华民族的一员，都肩负着国家发展的历史使命，大到整个学术界，小到每一位大学生，我们对自身学习和学术的定位都将会影响到社会未来的发展，通过课程思政教育，学生不仅对专业课学习更为明确，而且对自身有更加准确定位，勇担时代使命，不负期许，不负青春。

参考文献

［1］ 杨洁，王俭辛，宋东坡，等. 中美芯片之战——课程思政与中国之崛起［J］. 考试周刊，2018（A2）：195.

［2］ 谭建斌，欧阳萍.《单片机控制技术》课程思政典型案例探讨［J］. 中国科技投资，2020（5）：189-190.

［3］ 王超. 美国 20 世纪 90 年代半导体芯片技术产业复兴的经验分析［J］. 网络空间安全，2020，11（3）：100-105.

［4］ 之新. 日美芯片博弈的历史钩沉［J］. 人民周刊，2019（16）：32-33.

［5］ 张波. 节能减排的基础技术-功率半导体芯片［J］. 中国集成电路，2009，18（12）：9-14.

第二节　自主创新——芯旺 MCU

一　知识点与对应的思政元素

近年来，智能测温设备、智能门锁、智能网关、安防设备、打印机及智能家居等应用兴起，全球物联网应用市场正当红，这使得担当电子设备"大脑"的 MCU 芯片需求大增。随着物联网应用场景的多样化和复杂化，新的 AIoT 场景也对 MCU 提出更高的要求。因此，32 位 MCU 已逐渐成为 AIoT 市场的"应用明星"。在讲解单片机原理这门课程时，要对国内 MCU 发展历程、代表性公司和高性能产品进行介绍，让学生们对国内 MCU 发展现状有全面认识，增强民族自豪感，优先选用国产 MCU 产品[1]。

二 课程思政教学案例

尽管当前的 MCU 市场仍由美国微芯、意法半导体、瑞萨科技、德州仪器和恩智浦主导，但在国产 MCU 企业苦心钻研下，国内 32 位 MCU 研发生产已经有所突破，开始顺利布局 32 位 MCU[2]。上海芯旺微电子技术有限公司（ChipON，以下简称"芯旺微电子"）的 KF32L530 就是其中佼佼者。

上海芯旺微电子是一家专注基于自主 IP KungFu 内核架构研发高可靠、高品质 8 位 MCU、32 位 MCU&DSP 的高新技术企业。迄今为止已成功向专业芯片应用市场输送 KF8F、KF8L、KF8A、KF8TS、KF8S 、KF32A、KF32F、KF32L、KF32LS 等产品，及 ChipON IDE 集成开发环境、ChipON PRO 编程软件、KungFu Minipro 仿真编程器，真正实现从芯片内核设计到工具开发整个生态链的全自有 IP。

集高可靠、低功耗、高性能之大成，聚焦向汽车、AIoT、通信和电力等领域提供专业解决方案和优质服务。KungFu MCU 凭借优异的系统性能和稳定性，已应用于全球多家世界五百强和国内知名企业，累计出货超过数亿颗。

芯旺微电子（见图 4.6）总部位于有"中国硅谷"之称的上海张江高科，深圳、重庆、厦门均设有分支机构。在 CPU 系统结构、编译器、IDE 软件、数模混合设计、高压电路 BCD 设计、电磁兼容性等专业技术领域拥有资深开发经验和优秀项目管理能力，已获得集成电路布图认定、计算机系统结构发明专利、商标、软著等几十项核心自主知识产权成果，于 2017 年被评为国家高新技术企业。

图 4.6　芯旺微电子 logo

KF32L530 是芯旺微电子基于自研架构"KungFu"研发的重磅产品之一。基于

"KungFu"架构的 KF32 系列（见表 4.1）在保证和提升高可靠性能的同时，进一步实现了在低功耗、高可靠性、高性能三方面的极致均衡，补齐了三者无法全部兼容的短板，树立了低功耗高性能高可靠性 32 位 MCU 新标杆。

表 4.1 32 位自研架构产品系列

		系列	Flash 容量	RAM 容量	频率	外设	备注
32 位通用 MCU	KF32F 系列	工业级通用 KungFu 内核 32 位 MCU	高达 512KB	高达 128KB	高达 120MHz	多路高级定时器、ADC、DAC、PWM、ECCP、CAN、USART、SPI、IIC 等外设资源	120M/150DMIPS; ESD 8kV（HBM）; EFT 4.2kV
	KF32L 系列	高性能低功耗型 32 位 MCU-KF32L 系列	高达 512KB	高达 128KB	高达 120MHz	ADC、DAC、PWM、LCD、TOUCH、CAN、USART、SPI、IIC、USB 等外设资源	低至 60μA/MHz 的动态运行功耗，高达 120MHz/150DMIPS 处理速度
	KF32LS 系列	超低功耗 KungFu 内核 KF32LS 系列	高达 512KB	高达 128KB	48MHz	提供丰富外设资源，包括：ADC、DAC、LCD、Touch, 支持 CAN、USART、USB、SPI	单组电源口，高 I/O 占比

基于"KungFu"架构的优越性能，芯旺公司的 KF32L530 具备五大优势：

① 超高运算性能以应对 AIoT 场景智能设备的复杂功能：KF32L530 内置 512KB Flash 容量和 128KB 超大 RAM 空间，主频达到 120MHz；

② 支持多种主流人机交互方式：集成指纹、音频算法单元；

③ 数模混合的创新者：在 MCU 中集成 Touchkey、LCD、PGA、CMP 以及 12bitDAC 等模拟外设；

④ 超低功耗及先进功耗管理模式：KF32L530 的动态运行功耗低至 60μA/MHz，Shutdown 功耗低至 0.2μA，待机功耗低至 1μA，功耗性能处于行业领先水平，且在功耗管理中，KF32L530 能对电子系统的正常运行模式、休眠模式、低功耗运行模式、低功耗休眠模式、停止模式、待机模式、关断模式 7 种模式进行精细化管理和切换；

⑤ 多通信接口：多达 8 路串口，以及多个 IIC/SPI/I2S 接口，I2S 可支持 8K~96K 线性移频，支持 CAN、USB2.0（设备全速）。

以上五大应用优势极大地凸显了 KF32L530 的竞争力，图 4.7 显示了 32 位自研架构"KungFu"特点。它的上市应用意味着中国集成电路企业终于真正实现从芯片内核设计到工具开发整个生态链都具备全自有 IP 的能力。除了芯片，芯旺也同时提供自主研发的开发工具，包括集成开发环境、C 语言编译器和仿真器。虽然是全新的自主架构，但是与主流的 Arm 架构一样，均采用 C 语言编程。

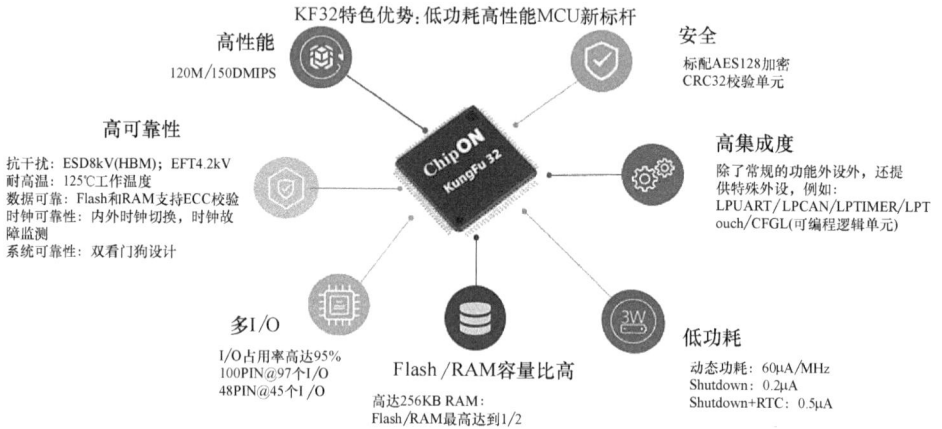

KF32特色优势:低功耗高性能MCU新标杆

高性能
120M/150DMIPS

安全
标配AES128加密
CRC32校验单元

高可靠性
抗干扰：ESD8kV(HBM)；EFT4.2kV
耐高温：125℃工作温度
数据可靠：Flash和RAM支持ECC校验
时钟可靠性：内外时钟切换，时钟故障监测
系统可靠性：双看门狗设计

高集成度
除了常规的功能外设外，还提供特殊外设，例如：
LPUART/LPCAN/LPTIMER/LPTouch/CFGL(可编程逻辑单元)

多I/O
I/O占用率高达95%
100PIN@97个I/O
48PIN@45个 I/O

Flash /RAM容量比高
高达256KB RAM；
Flash/RAM最高达到1/2

低功耗
动态功耗：60μA/MHz
Shutdown：0.2μA
Shutdown+RTC：0.5μA

图 4.7　32 位自研架构"KungFu"特点

目前国内超过十家 MCU 厂商获得了 Arm 架构授权，Arm 架构的 32 位 MCU 市场占有率已经超过一半，RISC-V 架构 MCU 也开始有产品面市。如果仅仅是采取跟随策略或定位"国产替代"，是无法在 32 位 MCU 市场实现超越的。紧贴客户需求，打造出具有差异化创新的产品，才能真正弯道超车，突破国外垄断。因此长期来看，自建生态系统、深入应用场景、打磨解决方案才是国内 MCU 公司参与国际竞争的必由之路[3]。

提供差异化的芯片是芯旺打造MCU产业新一极迈出的第一步。KF32系列MCU定位中高端市场，继承了芯旺一直以来的低功耗特色，在设计过程中又对抗干扰、耐高温、数据可靠性、时钟可靠性、系统可靠性等方面进一步提升，同时针对不同应用需求，在功耗、可靠性、性能方面实现完美平衡，在为用户带来更好用的 MCU 产品的同时，深耕不同细分领域市场，做出独创性与差异化创新。

未来十年，将会是国产芯片的黄金十年，也将会是国内芯片公司竞争最为激烈的十年。国内企业想要真正跻身中高端市场的国际竞争，逐步建立 MCU 生态体系是必经之路。在渐趋成熟的产业链环境、更宽松的鼓励政策、更充足的资本市场支持下，越来越多像芯旺这样的国产芯片佼佼者有望快速渗透具体细分领域，相信他们也将利用创新实力实现弯道超车，为中国制造迈向"中国智造""中国创造"贡献力量[4]。

三　教学反思

国产 MCU 有着广阔的发展前景。通过介绍代表性国产 MCU 芯片的研发与应用现状，结合现阶段的人们对于国产 MCU 产品的需求以及市场环境变化趋势，让学生对国产MCU的发展现状有清晰的认识。课程思政教育与单片机课程教学相结合，使学生在学习单片机知识、提高自己实践动手能力的同时，也感受到国产 MCU 芯片产业的日益强大，将爱党爱国爱人民的情怀扎根于心中，担当民族复兴大任的时代新人，做好德智体美劳全面发展的社会主义建设者和接班人[5]。

参考文献

[1] 刘江南，祝永华. 单片机原理及应用课程思政研究性教学 [J]. 数字化用户，2018，24（21）：182.

[2] 张晔. 浅谈国产 MCU 芯片研发及应用中的风险与机遇 [J]. 电子世界，2019（16）：94-95.

[3] 艾恩溪. 中国 MCU 应用市场格局、发展趋势及厂商机遇分析 [J]. 集成电路应用，2016（02）：22-24.

[4]《单片机与嵌入式系统应用》编辑部. 当前形势下，国产 MCU 如何把握机遇、加速发展? [J]. 单片机与嵌入式系统应用，2019，19（3）：1-2.

[5] 张晓冬，张志峰，杨红军，等. 思政教育融入单片机教学的探索与实践 [J]. 现代职业教育，2020（36）：48-49.

第三节　辩证思维——硬件和软件的辩证统一

一　知识点与对应的思政元素

硬件和软件是完整的单片机系统相互依存的两部分：硬件是单片机系统软件赖以工作的物质基础，软件的正常工作是单片机硬件发挥性能的重要途径，单片机必须具备完善的硬件和高效的软件才能充分发挥性能[1]。通常，在进行开发前，需要根据单片机系统的运行速度、成本、可靠性和研制周期等要求来确定硬件和软件功能的划分[2]。因此，在学习单片机原理这门课程时，要让学生清晰单片机系统硬件和软件的辩证统一关系，上升到方法论，训练学生的哲学思维[3]。

二　课程思政教学案例

单片机就是一个芯片，集成了计算机的三大部分——中央处理器、存储器、I/O接口，这三大部分又通过三总线（数据总线、地址总线、控制总线）相互连接。单片机功能图见图 4.8。

（1）单片机的主要部件

CPU；1 个 8 位 CPU 存储器；4KB 程序存储器 ROM（Read Only Memory），片外最多可扩展 64KB，ROM 是只读存储器，用于存储数据，相当于硬盘；128B 数

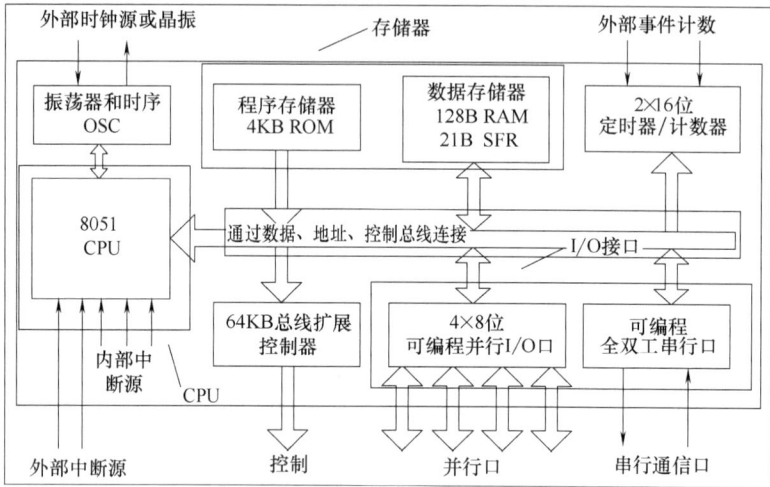

图 4.8　单片机的功能图

据存储器 RAM（Random Access Memory），片外最多可扩展 64KB，RAM 是随机存取存储器，用于临时存放数据，相当于内存条；21 个具有特殊功能的寄存器 SFR；I/O 接口；4 个 8 位并行口，P0、P1、P2、P3；1 个全双工串行口；2 个 16 位定时/计数器；5 个中断源；1 个片内振荡器、1 个时钟电路；其他。

（2）CPU 内部结构

① 运算器。算术/逻辑运算单元 ALU：进行算术逻辑运算，加减乘除、与或非等。累加器 ACC（8 位）：助记符 A。寄存器 B（8 位）：配合 ACC 完成乘除运算，没有乘除运算时，可当做 RAM 的一个单元。程序状态字寄存器 PSW（8 位）：存放 ALU 运算状态。

② 控制器。堆栈指针 SP（8 位）：存取数据，先进后出。数据入栈出栈时，SP 自动加 1 减 1；复位时 SP=07H。程序计数器 PC（16 位）：存放下条要执行的指令的地址，PC 指针指向哪，CPU 就执行哪条指令。复位时 PC=0000H。数据指针 DPTR（16 位）：与 PC 功能一样，区别是 DPTR 是外部存储器的指针。

③ 存储器。单片机存储器在物理结构上分为 4 部分：片内程序存储器、片外程序存储器、片内数据存储器、片外数据存储器。但在逻辑上分为 3 部分——片内外统一编制的程序存储器、片内数据存储器、片外数据存储器，访问这 3 个存储空间时，采用不同形式的指令。

④ I/O 接口。P0 口是三态双向口，如果需要输出电平，需要外接上拉电阻。P1、P2 是准双向 I/O 口。P3 是准双向 I/O 口，双功能口。

单片机的开发流程如图 4.9 所示，典型的单片机开发流程如下：

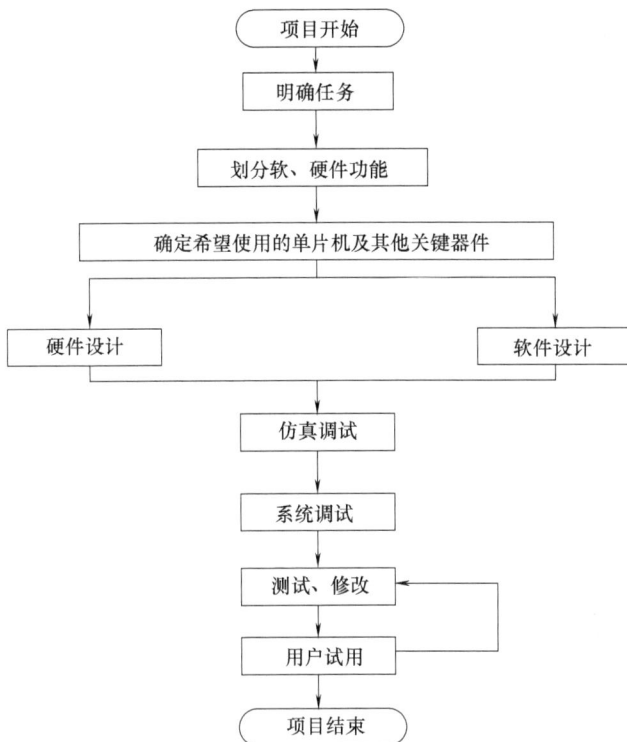

图 4.9　单片机的开发流程

（1）明确任务

分析和了解项目的总体要求，并综合考虑系统使用环境、可靠性要求、可维护性及产品的成本等因素，制定出可行的性能指标。

（2）划分软、硬件功能

单片机系统由软件和硬件两部分组成。在应用系统中，有些功能既可由硬件来实现，也可以用软件来完成。硬件的使用可以提高系统的实时性和可靠性；使用软件实现，可以降低系统成本，简化硬件结构。因此在总体考虑时，必须综合分析以上因素，合理地制定硬件和软件任务的比例。

（3）确定希望使用的单片机及其他关键器件

根据硬件设计任务，选择能够满足系统需求并且性价比高的单片机及其他关键器件，如 A/D、D/A 转换器，及传感器、放大器等，这些器件需要满足系统精度、速度以及可靠性等方面的要求。

（4）硬件设计

根据总体设计要求，以及选定的单片机及关键器件，利用 Protel 等软件设计出应用系统的电路原理图。

（5）软件设计

在系统整体设计和硬件设计的基础上，确定软件系统的程序结构并划分功能模块，然后进行各模块程序设计。

单片机程序设计语言可分为三类：

① 机器语言：又称为二进制目标代码，是 CPU 硬件唯一能够直接识别的语言（在设计 CPU 时就已经确定其代码的含义）。人们要计算机执行的所有操作，最终都必须转换成为相应的机器语言由 CPU 识别、控制执行。CPU 系列不同，其机器语言代码的含义也不尽相同。

② 汇编语言：由于机器语言必须转换为二进制代码描述，不便于记忆、使用和直接编写程序，为此产生了与机器语言相对应的汇编语言。用汇编语言编写的程序执行速度快，占用存储单元少，效率高。

③ 高级语言：高级语言具有很好的可读性，使程序的编写和操作都十分方便，目前广泛使用的高级语言是 C51。

（6）仿真调试

软件和硬件设计结束后，需要进入两者的整合调试阶段。为避免浪费资源，在生成实际电路板之前，可以利用 Keil C51 和 Proteus 软件进行系统仿真，出现问题可以及时修改。

（7）系统调试

完成系统仿真后，利用 Protel 等绘图软件，根据电路原理图绘制 PCB（Printed Circuit Board），即印刷电路板图，然后将 PCB 图交给相关厂商生产电路板。拿到电路板后，为便于更换器件和修改电路，可首先在电路板上焊接所需芯片插座，并利用编程器将程序写入单片机。然后将单片机及其他芯片插到相应的芯片插座中，接通电源及其他输入、输出设备，进行系统联调，直至调试成功。

（8）测试、用户试用、修改

经测试检验符合要求后，将系统交给用户试用，对于出现的实际问题进行修改完善，系统开发完成。

三 教学反思

单片机的正常工作必须依赖完备的硬件系统和高效的软件架构，软件随着硬件技术的发展而发展，软件的不断完善也促进了硬件的更新，二者密切交织，缺一不可[4]。但也要看到，随着单片机技术的不断发展，在很多情形下，单片机的某些功能既可以由硬件实现，也可以由软件实现，比如硬件滤波功能和软件滤波功能。因此，在某种意义上，单片机的硬件和软件并不存在十分严格的界限。所以，在学习单片机的过程中，要让学生明确单片机硬件和软件的辩证统一关系，既要看到硬件软件相互区别的一面，又要看到硬件软件相互联系的一面，把二者有机统一起来，以实现单片机硬件和软件相互促进、不断更新发展之目的[5]。

参考文献

[1]　石宏华. 嵌入式系统核心组件单片机技术 [J]. 中国新通信，2019，21（22）：59.

[2]　孙铭蔚. 单片机技术课程建设融入思政元素的探索 [J]. 人文之友，2020（15）：327-328.

[3]　姜忠爱，蔡卫国，牛春亮. 单片机原理与应用教学模式与课程思政改革研究 [J]. 高教学刊，2020（9）：129-131.

[4]　杜军. 提高嵌入式系统可靠性的探讨与实践 [J]. 单片机与嵌入式系统应用，2006（4）：15-16，19.

[5]　唐炜. "单片机原理与应用"课程教学改革探讨 [J]. 电气电子教学学报，2002（03）：21-23.

第四节　工匠精神——"最美奋斗者"许振超

一　知识点与对应的思政元素

工匠精神是一种严谨认真、精益求精、追求完美、勇于创新的精神。党的十八大以来，习近平总书记多次强调要弘扬工匠精神[1]。党的十九大报告提出"弘扬劳模精神和工匠精神"。党的十九届四中全会提出"弘扬科学精神和工匠精神"。在新时代大力弘扬工匠精神，对于推动经济高质量发展、实现"两个一百年"奋斗目标具有重要意义。以"最美奋斗者"许振超为例，将工匠精神融入单片机课程思政教学中，推进单片机创新设计课程思政教学改革，对于提高学生的教学效果意义深刻[2]。

二　课程思政教学案例

我国自古就有尊崇和弘扬工匠精神的优良传统，一些工艺水平在世界上长期处于领先地位。瓷器、丝绸、家具等精美制品和许多庞大壮观的工程建造，都离不开劳动者精益求精的工匠精神。《诗经》中的"如切如磋，如琢如磨"，反映的就是古代工匠在切割、打磨、雕刻玉器等时精益求精、反复琢磨的工作态度。《庄子》中讲庖丁解牛游刃有余，"道也，进乎技矣"。可以说，我国古代非常注重工匠精神，形成了"尚巧工"的社会氛围。新中国成立以来，我们党在带领人民进行社会主义现代化建设的进程中，始终坚持弘扬工匠精神。无论是"两弹一星"、载人航天工程取得的辉煌成就，还是高铁、大飞机等的设计与制造，都离不开工匠精神，都展现出我们对工匠精神的继承与发扬。

图 4.10 "最美奋斗者"许振超

许振超（见图 4.10），青岛港一位只有初中文凭的吊车司机，三十年如一日，练就了"一钩准""一钩净""无声响操作"等绝活，先后七次刷新集装箱装卸世界纪录，使"振超效率"享誉全球，他也成为新时代产业工人的楷模，荣获"全国劳动模范""全国优秀共产党员"等多个荣誉称号。2018 年，他作为践行"工匠精神"的优秀代表，被中共中央、国务院授予改革先锋称号，并获颁改革先锋奖章[3]。在他的激励下，全国广大青年职工掀起了立足岗位、学习技能的热潮。

1950 年 1 月，许振超出生在一个贫穷的工人家庭。1974 年，只读了一年半初中的他进入青岛港，当上了码头工人。那时的青岛港码头，作业区只有几台吊车，卸货装车都得人抬肩扛，作业时整个码头灰尘飞扬，工友们经常脸贴着脸都认不出人来。随着改革开放的春风吹到青岛，码头上的作业机械从吊车逐渐增加到叉车、牵引车、装卸机械门机等，作业效率大大提高；泊位小、吃水浅的老码头经过系列技术改造，泊位等级扩大了、吃水深了。

1987 年青岛港有了桥吊，许振超当上了桥吊司机。他刻苦钻研怎么能开好这个先进设备，不懂原理就一点点"啃"图纸，操作不熟练就加班加点训练，终于练就了"一钩准""一钩净""无声响操作"等绝活，先是通过青岛市职业劳动技能考核考取了技师资格证，后来又评上了高级技师。

当上桥吊队长的许振超，不仅时刻鞭策自己，还带出了一支技术精、作风硬、效率高的优秀团队。2003 年"五一"劳动节前夕，在青岛港投产不久的前湾港新码头，许振超和工友连续奋战 6 个多小时，2740 个标准集装箱成功装卸完毕，最高纪录是每小时装卸 339 个自然箱，一举打破当时单船每小时装卸 336 个自然箱的世界纪录。一年半后，许振超和工友又将这一纪录改写为 347 个。到今天，这一项纪录已在青岛港刷新 8 次。"在全世界港口行业中把集装箱装卸速度干到第一，不仅是我的梦想，也是我们港口所有工友的梦想，正是有这样的魄力和努力才成就了现在的我们。"许振超说。

为解决集装箱轮胎式龙门吊费油、污染环境难题，许振超经过两年多的摸索，从飞机空中加油技术上得到启发，于 2007 年成功完成了集装箱轮胎式龙门吊的"油改电"工程，填补国际空白，为国家节约了巨额成本。后来，他在工作中创造出"振超工作法"，更是为青岛港提速建设发展提供了宝贵经验。

"金牌工人"许振超的事迹激励着青岛港全体员工立足岗位创先争优。截至2017 年底，青岛港共有国家序列职务职称获得者 3610 人，高级技师、技师、高级工等高技能人才 6440 人，涌现出了"全国五一劳动奖章"获得者王加全、国务院政府特殊津贴获得者唐卫等一大批"振超"式德才兼备先进典型[4]。这些专业人才将一个个新想法变成生产中的一项项新技术，青岛港也在一步步迈向世界强港：拥有行业领先的港口设施，拥有包括公路、铁路、水路、管道等完善的集疏运体系，拥有数量领先的集装箱航线，拥有门类齐全的作业货种，涵盖了全球港口作业的所有货种。

如今，青岛港的桥吊已经更新到第九代，在全球最先进的全自动化码头，9 名远程操控员就能承担传统码头 60 多人的工作。面对智慧化、信息化时代的到来，许振超认为，我国的装备和技术仍有很大的改善空间，也意味着产业工人还有进步提升的空间，十九大报告提出建设知识型、技能型、创新型劳动者大军，为产业工人指明了目标。2009 年 9 月 14 日，许振超被评为"100 位新中国成立以来感动中国人物"之一。2018 年，被中共中央国务院授予"改革先锋"称号。2019 年 9 月，获"最美奋斗者"称号。许振超说，工匠精神就是一种职业精神，工作中就是要爱岗敬业，苦心钻研，精益求精，就是不管干什么工作，执着坚韧去追求完美。中国人不笨，中国工人也不笨，我国很多技术在国际上都是领先的，我们所有的工人都用工匠精神武装自己，尽可能去做，相信中国的技工队伍很快就会壮大起来，我们工业强国的目标很快会实现[5]。

三 教学反思

面对新时代需求，在高校理工科专业的课程思政教学改革中加入工匠精神逐渐在广大教育工作者中达成共识。在每一堂课、每一次实验、每一个小的项目中，同学们都可以用工匠的标准来要求自己，精益求精、追求卓越。在整个教学过程中，学生们怀揣一颗匠心，不断追求卓越，在这个学习过程中同学们主动思考、不断创新、反复打磨、追求极致，让工匠精神润物细无声地渗透到课程教学过程中的每一个环节。

参考文献

[1]　刘隆吉. 工匠精神融入单片机创新设计教学中的探索 [J]. 科技资讯, 2019, 17 (27): 103-104.

[2]　谭建斌, 欧阳萍. 《单片机控制技术》课程思政典型案例探讨 [J]. 中国科技投资, 2020 (5): 189-190.

[3]　清影. 许振超：用实际行动践行新时代工匠精神 [J]. 劳动保障世界, 2019 (10): 32-33.

[4]　余玮. 许振超 "振" 兴青岛港的 "超" 人 [J]. 中华儿女, 2019 (22): 36-39.

[5]　肖群忠, 刘永春. 工匠精神及其当代价值 [J]. 湖南社会科学, 2015 (06): 6-10.

05
第五章

工程电磁场
课程思政教学案例

课程概况

课程名称： 工程电磁场。

学分学时： 3学分，48学时。

教学对象： 电气工程及其自动化专业本科三年级学生。

课程类别： 大类基础理论课程（　　）

学科基础理论课程（　　）

专业基础理论课程（ √ ）

专业核心课程　　（　　）

课程简介： 工程电磁场课程主要是阐明电磁场的基本概念、基本规律和基本的分析计算方法。本课程先后介绍了场论、静态场、时变场及它们的边界条件，又介绍了电磁波的传播理论，介绍其分别在无界区域、均匀媒介和波导中的传播等。课程包括以下内容：矢量分析、静电场、静电场的边值问题、恒定电流场、恒定磁场、时变电磁场、平面电磁波、导行电磁波、电磁辐射及原理等。附录中给出了电磁物理量的符号、单位及量纲，SI单位的倍数单位，矢量恒等式，正交曲面坐标系，δ 函数，贝塞尔函数，勒让德函数和电磁波的波段划分及其主要应用等。

课程思政设计： 通过工程电磁场课程的学习，学生能够了解到我国领先世界的5G技术。以5G为代表的新基建的发展，不仅能够拉动当前的经济发展，更主要是在战略上利用危机来带动国家经济更高质量的转型发展。学习过程中，积极加入时政经济元素，让学生能够更加爱国，更加自信。

授课教师团队： 杨芳艳、姜松、饶俊锋、李正。

第一节　自主创新——成长的华为

一　知识点与对应的思政元素

华为从2万元起家，从名不见经传的民营科技企业，发展成世界500强和全球最大的通信设备制造商，创造了中国乃至世界企业发展史上的奇迹！主要依靠的是什么呢？通过对华为的近距离考察、研究，我们发现非常重要的一点就是创新驱动[1]。"创新"促使华为从一个弱小的、没有任何背景支持的民营企业快速地成长、扩张成为全球通信行业的领导者。

二　课程思政教学案例

华为成功的秘密就是创新。创新无疑是提升企业竞争力的法宝，同时它也是一

图 5.1　华为 logo

条充满了风险和挑战的成长之路。尤其在高新技术产业领域，创新被称为一个企业的生存之本和一个品牌的价值核心（华为 logo 见图 5.1）。

"不创新才是华为最大的风险"，华为总裁任正非的这句话道出了华为骨子里的创新精神[2]。"回顾华为的发展历程，我们体会到，没有创新，要在高科技行业中生存下去几乎是不可能的。在这个领域，没有喘气的机会，哪怕只落后一点点，就意味着逐渐死亡。"正是这种强烈的紧迫感驱使着华为持续创新。

华为虽然和许多民营企业一样从做"贸易"起步，但是华为没有像其他企业那样，继续沿着贸易的路线发展，而是踏踏实实地搞起了自主研发。华为把每年销售收入的 10%投入研发，数十年如一日，近 10 年投入的研发费有 1000 多亿人民币，在华为 15 万名员工中近一半的人在搞技术研发。为了保持技术领先优势，华为在招揽人才时提供的薪资常常比很多外企还要高。

华为的创新体现在企业的方方面面，在各个细节之中，但是华为不是为创新而创新，它打造的是一种相机而动、有的放矢的创新力，是以客户需求、市场趋势为导向，紧紧沿着技术市场化路线行进的创新，这是一种可以不断自我完善与超越的创新力，这样的创新能力才是企业可持续发展的基石。

（1）自主创新发展之路——小灵通与 3G

在国际化战略中，华为与大多数科技公司只盯着眼前利益的"技术机会主义"态度不同，华为对技术投资是具有长远战略眼光的[3-4]。如在"小灵通"火热时期，UT 斯达康、中兴等企业因为抓住了机会，赚了不少真金白银。相比之下，华为在"小灵通"上反应迟钝，却把巨资投入到当时还看不到"钱景"的 3G 技术研发，华为也因此被外界扣上"战略失误"的帽子。在任正非看来，"小灵通"是个落后技术，没有前景，而 3G 才代表未来主流技术发展趋势。事实证明，任正非的判断是正确的。华为从 1996 年开始海外布局，在国内市场遭遇 3G 建设瓶颈的时候，华为在海外市场开始有所斩获，一路走来，华为如今已成为全球主流电信运营商的最佳合作伙伴。

现在，华为的产品和解决方案已经应用于 150 多个国家，服务全球 1/3 的人口。在全球 50 强电信运营商中，有 45 家使用华为的产品和服务，其海外市场销售占公司销售总额的近 70%。

技术创新对于一个企业的国际化非常重要，但不等于说只有在完成技术创新之后才进行国际化。完全掌握了核心技术，再进行国际化，这是一种过于理想化的模式。国际化的过程本身就是提高企业技术能力的过程，在"战争中学习战争"也是一种相机而动的思维[5]。所以在1996年，华为就尝试走出国门，让国际竞争来促进和提升自身的技术创新。

（2）技术引进、吸收与再创新

实际上华为的技术创新，更多表现在技术引进、吸收与再创新层面上，主要是在国际企业的技术成果上进行一些功能、特性上的改进和集成能力的提升。对于所缺少的核心技术，华为通过购买或支付专利许可费的方式[6]，实现产品的国际市场准入，再根据市场需求进行创新和融合，从而实现知识产权价值的最大化。

三　教学反思

华为的成功，激起了无数人的想象，为中国企业国际化树立了标杆，建立了信心。华为让我们欣喜地看到了那些优秀世界企业的影子。任正非说："科技创新不能急功近利，需要长达二三十年的积累。"中国企业要走出国门，融入世界，做大做强，就必须摒弃赚"快钱"的心态，舍得在技术升级和管理创新上花钱，转型和升级才可能实现。华为不赚"快钱"赚"长钱"的思想值得很多企业学习和借鉴。

参考文献

[1] 冯根福，温军. 中国上市公司治理与企业技术创新关系的实证分析 [J]. 中国工业经济，2008（07）：91-101.

[2] 武亚军."战略框架式思考"、"悖论整合"与企业竞争优势——任正非的认知模式分析及管理启示 [J]. 管理世界，2013（04）：150-163，166-167，164-165.

[3] 武亚军. 中国本土新兴企业的战略双重性：基于华为、联想和海尔实践的理论探索 [J]. 管理世界，2009（12）：120-136，188.

[4] 白长虹，刘春华. 基于扎根理论的海尔、华为公司国际化战略案例相似性对比研究 [J]. 科研管理，2014，35（03）：99-107.

[5] 李刚. EVA企业价值评估体系及其应用——以华为公司为例 [J]. 财会月刊，2017（22）：82-86.

[6] 王晓晔. 标准必要专利反垄断诉讼问题研究 [J]. 中国法学，2015（06）：217-238.

第二节　伟大工程——中国天眼

一　知识点与对应的思政元素

走进中国"天眼"，领悟时代使命[1]。

被誉为"中国天眼"的 FAST 射电望远镜改变了我国天文科普十分不足的状态。组织同学们观看探索频道纪录片——《中国天眼 FAST》，该纪录片用生动简单的类比向大家讲述了中国天眼建成的困难程度与不可思议的创新性[2]。随着我国综合国力的日益强大，我国终于在世界顶尖望远镜的名单里记录下了自己浓墨重彩的一笔，同学们也深受鼓舞，民族自豪情绪油然而生。认识到了自身的时代使命，并明确了我国的天文发展要靠我们新一代天文学家的主题思想。

（二） 课程思政教学案例

神秘未知的事物，似乎总有一种魔力，吸引人类在探索的道路上前赴后继。天文便是如此：在广袤的宇宙中，经常有一股电波袭来，仅仅闪现几毫秒。没人知道，它究竟是什么。

2007 年，天文学家在分析澳大利亚 64 米射电望远镜 2001 年记录的信号中，发现了这样的毫秒电波，如图 5.2 所示。随后，天文学家一直试图寻求真相：谁发出了电波？如此快速闪现的电波，究竟包含了什么信息？

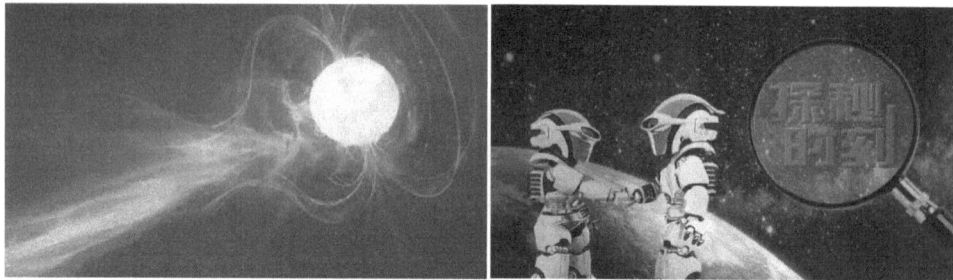

图 5.2 电波与探秘时刻

经过大约 10 年的探寻，天文学家收集了 30 多个爆发源，它们在太空几乎是随机分布的，因此断定"这些毫秒电波闪现源中的绝大多数，并非银河系内的天体发出"。2017 年，国际天文学家终于捕获到一个毫秒无线电爆发，利用世界多台大射电望远镜联合探测，将这个重复爆发的无线电快速闪现源，定位到宇宙深处 30 亿光年之外的一个星系。

那些年，在这个前沿领域，中国没有太多的话语权。因为中国没有足够大的射电望远镜，我国天文学家便很难拿到第一手资料，所以他们中的大多数，做的是理论研究。

2016 年，被誉为"中国天眼"的 FAST（500 米口径球面射电望远镜）竣工（见图 5.3），其反射面相当于 30 个足球场，经过 3 年调试，无可争议地成为世界最灵敏的射电望远镜，大大拓展了人类的视野，也让中国天文学家终于有机会走到人类视界的最前沿。

图 5.3　被誉为"中国天眼"的 FAST 射电望远镜

如今，FAST 望远镜已经对国内天文学家开放，一个又一个原创突破接连"冒"了出来。还记得"谁发出了毫秒电波"这个科学问题吗？FAST 望远镜给出了最新观测，中国天文学家就此揭示了宇宙毫秒无线电爆发的新物理，相关成果论文连续两次登上国际学术期刊《自然》[3]。

索网结构是 FAST 主动反射面的主要支撑结构，是反射面主动变位工作的关键点。索网制造与安装工程也是 500 米口径球面射电望远镜工程的主要技术难点之一，其关键技术问题主要包括：超大跨度索网安装方案设计、超高疲劳性能钢索结构研制、超高精度索结构制造工艺等。而索网工程的顺利完成，意味着 FAST 工程已经在上述关键技术难点方面实现实质性突破。

FAST 索网结构直径 500 米，采用短程线网格划分，并采用间断设计方式，即主索之间通过节点断开。索网结构的一些关键指标远高于国内外相关领域的规范要求，例如，主索索段控制精度须达到 1 毫米以内，主索节点的位置精度须达到 5 毫米，索构件疲劳强度不得低于 500 兆帕。整个索网共 6670 根主索、2225 个主索节点及相同数量的下拉索。索网总重量约为 1300 吨，主索截面一共有 16 种规格，截面积介于 280~1319 平方毫米之间。由于场地条件限制，全部索结构须在高空中进行拼装。索网采取主动变位的独特工作方式，即根据观测天体的方位，利用促动器控制下拉索，在 500 米口径反射面的不同区域形成直径为 300 米的抛物面，以实现天体观测。

FAST 索网是世界上跨度最大、精度最高的索网结构，也是世界上第一个采用变位工作方式的索网体系。其技术难度不言而喻，需要攻克的技术难题贯穿索网的设计、制造及安装全过程。仅以高应力幅钢索研制为例，FAST 工程对拉索疲劳性能的要求相当于规范规定值的 2 倍，国内外均没有可借鉴的经验或资料作为参考。其研制工作经历了反复的"失败—认识—修改—完善"过程，最终历时一年半才完成技术攻关。所取得的成果已经在国际专家评审会上得到国外专家组的认可，成功在 FAST 工程上得到应用。随着索网诸多技术难题的不断攻克，形成了 12 项自主创新性的专利成果，其中发明专利 7 项，这些成果对我国索结构工程水平起到了巨大的提升作用。

三 教学反思

"中国天眼"孕育出"开拓进取、勇攀高峰""团结奋进、协同攻关""追赶、领先、跨域"等"中国天眼"精神，激励着广大科技人员和千千万万名青少年[4-5]。梁启超先生说过：少年智则国智，少年富则国富，少年强则国强。因此，中国的"科技强国"之路从青少年开始，青少年是"科技强国"的源泉。我们要以南仁东先生为榜样，以天眼精神为努力的基石，在中华民族伟大复兴的路上贡献属于自己的一份力量！

参考文献

［1］郑永春，高原. 走近中国"天眼"——FAST 射电望远镜［J］. 军事文摘，2016（20）：46-49.
［2］唐琳.FAST：中国"天眼"遥望苍穹［J］. 科学新闻，2017（01）：22-23.
［3］李平. 贵州在 FAST 电磁波宁静区启动遥感监测［J］. 科技传播，2018，10（23）：9.
［4］张晓春. 南仁东：天眼之父的国家精神［J］. 东西南北，2019（22）：52.
［5］李瑜."中国天眼"FAST 工程背后的故事［J］. 工会博览，2019（15）：32-34.

第三节 工匠精神——德国制造

一 知识点与对应的思政元素

"工匠精神"不仅是一种工作态度，也是一种人生态度，代表着一种时代的精神气质[1]：坚定、踏实、严谨、专注、坚持、敬业、精益求精……如果人人都能将这样的品质在内心沉淀，有干一行爱一行、爱一行钻一行的韧劲，有对工作只管付出不求回报的奉献精神，定能在平凡的岗位上书写不平凡的人生。

二 课程思政教学案例

工匠精神到底为何意？在象形字中，"工"与"巨"通用，即规矩，做形容词用意为细致工整、精准严谨[2]。工匠们喜欢不断雕琢自己的产品，不断改善自己的工艺，享受着产品在双手中升华的过程，如图 5.4 所示。归根结底，还是为了保障质量。不论好的时代还是坏的时代，制造业理应以质量为王，没有捷径。

图 5.4　工匠严谨的工作场景

在德国的制造业领域，许多企业少则几十年，多的则有上百年历史，且更是有超过 2500 个享誉世界的品牌。例如电子产品类的博世、西门子、欧司朗，卫浴类的科勒、汉斯格雅、高仪，汽车制造行业的奔驰、宝马、保时捷、大众，等等，都是深受世界人民欢迎和信赖的名牌。图 5.5 展示了汽车行业从业者的工作场景。

图 5.5　汽车行业从业者工作场景

他们的成功与其专注、严谨和理性的民族性格是脱离不开的。许多德国人一辈子只创业一次，随后的几十年都致力于一个产品领域，力求不断超越自身和追求完美。这种朴实而又可贵的工匠精神，是他们民族文化的最好证明。

"秩序"——德国制造的核心。德意志精神的核心并不是质量，而是让生产井然有序，完美分工。德国人工匠精神的重要体现就是在大工业领域精细生产，对生产秩序日积月累地逐步完善，这也是德国制造的核心竞争力[3-4]。

（1）超级跑车工厂的立体空间

作为德国车企中"质量"和"精准度"的代表，半个多世纪前还是纯手工打造的保时捷前几年轻松跃身为工业 4.0 的代表工厂。保时捷这个案例对"工匠精神"这个话题的意义，在于其灵活，同时又精准高效的生产力——这在其他产业同样有借鉴意义。

100 多年前，整个斯图加特就是一大片葡萄园。今天，作为巴登-符腾堡州的首府，斯图加特是德国三大工业中心之一，同时拥有保时捷和奔驰两家汽车巨头的总部。德国还有三大工业重镇，分别是大众汽车集团所在的沃尔夫斯堡（Wolfsburg）、奥迪总部所在地巴伐利亚州的因戈施塔特（Ingolstadt）以及宝马所在的慕尼黑。

1931 年之前祖芬豪森（Zuffenhausen）还是一个独立的小镇，之后与斯图加特合并。现在，从斯图加特市中心乘轻轨到北郊的祖芬豪森只需要十几分钟，从 1937 年保时捷 1 号工厂在此建成，今天已经有了 6 个工厂。因为年代久远、意义重大，有些红砖厂房已经被德国政府认定为"工业遗迹"。

保时捷帝国寸土寸金：一个保时捷广场把保时捷博物馆、工厂和办公室连接在一起。因为地太少，所有的工厂都是立体高楼。"超级跑车"的生产流程极具空间感：一号工厂的喷漆部把造好并喷好的车身运到隔着施维伯丁伽大道的组装部，要通过横穿 15 米建成的"天桥"——天桥下是时不时呼啸而过的各式新款保时捷。过桥后，一辆保时捷车身通过大型车梯"上下楼"，组装完成后，重返底楼直接进递送中心。

现在，隔着一条铁路线，保时捷又有一个新的引擎组装工厂正在建设中，据说为了内部运送，保时捷还准备再建个地道。

"第四次工业革命"这种流行语对于保时捷公司来说并不新鲜。保时捷的工厂在几年前已经实现"工业 4.0"，但并不是"革命"（revolution）所致，更多的是对现有生产流程的"改进"（evolution）：修正生产流程，改进机器，以实现机器与机器，以及机器与人的更好联通。工业 4.0 和 3.0 是自然实现过渡的。此处借用保时捷创始人费迪南德·保时捷（Ferdinand Porsche）的名句："改变很容易，改进要难得多。"

（2）秩序

从保时捷的例子来看，多年以来最核心的改进就是其生产系统。例如，在 20 世纪 90 年代之前，保时捷的工厂也是需要仓库的，之后保时捷公司逐步改进生产秩序，找准"次序"和"时间节点"，让每一个生产步骤无缝对接，恰到好处。生产流程的改进直接提升了效率，为实现工业 4.0 做好了铺垫。祖芬豪森工厂汽车组装线上的每一部保时捷都是根据买家所下的订单进行订单化生产，一眼望去每部车都各不相同。因为采用混合式生产的生产线，三款车型 911、Cayman S 与 Boxster S 可以在一条生产线上进行组装。在这个旗舰工厂，平均每年大概只会有两到三辆车是基本一样的。

保时捷全球执行董事会成员（负责生产与物流）Albrecht Reimold 介绍说，这也是为了效率最大化。和大规模的系统流水线相比，每一位技师在组装车时，也不用总是周而复始地"重复劳动"，多变的工作才更有乐趣，也更符合人体力学原理。

保时捷独家配件（Porsche Exclusive）总监 Boris Apenbrink 则解释了这背后的理由："2015 年，保时捷 911 全球的产量只有 3.2 万辆，和其他很多豪车品牌相比，这个产量很难称得上是'批量生产'。产量最大化和质量最大化二者之间有一个微妙的平衡点，找到这个最适合的平衡点才是最重要的。"

为了确保制造出的车辆准确装配，所有零件均以条形码进行计算机管控，确保原料零件的正确性。配备钛酸锂电池的无人驾驶电动运输车可在两个楼层间装有 1.6 万块磁铁的网格地板上行驶。这些运输机器人还可以自己乘坐电梯上下楼。在汽车的组装线上，每部车需要不同的零件，这些零件早就事先完成分类，由运输机器人运到流水线旁。

目前，保时捷在全新 V8 发动机的生产流程中再次提升了对"大数据"的利用：在完成装配和测试后，每台发动机可以检索到约 2300 组数据。任何质量波动都能在最初时被检测出来，从而避免对后续流程产生影响。

现代工厂背后的生产秩序却十分缜密。当保时捷全球执行董事会成员（负责生产与物流）Albrecht Reimold 说"just in time"和"just in sequence"时，不是一种对生产秩序的生动形容，而是保时捷公司，以及包括西门子、博世在内大多数德国工业企业物流系统的核心概括：①JIT（just-in-time），准时化生产供应；②JIS（just-in-sequence），准时化顺序供应。再说细致一些，祖芬豪森的优势在于灵活的生产力，以及保时捷的生产系统——所有的生产线都源于这个系统，强调精益生产。

（3）为什么工业 2.0 不可能一夜跳级到 4.0

现在有一句流行语叫"弯道超车"，但弯道漂移玩不好就要坠入万丈深渊。博世集团董事斯托瑟（Werner Struth）这位工业 4.0 专家明确表示：工业 2.0 无论如何都不可能"弯道超车"到 4.0，一切都应该是自然延伸。

斯托瑟坦言：秩序是德企的核心竞争力。"博世公司创立 130 年，生产流程的构建也有相当长的历史。我们有能力进行小范围生产，也有能力进行大规模高品质的生产。这其中最关键的就是所有的生产必须是'系统'的。"

有规矩才成方圆，生产秩序和产品标准相结合，结果就是质量的提升。没有秩序，仅谈 1.0 还是 4.0 是没有意义的。

"最好的质控，不是最好的质控部，也不是由质控部门来完成，而是搭建生产流程，避免误差，保障质量。设定质控流程会产生成本，但我们认为这种质控流程的投资是完全值得的。"

"博世的哲学是，不能通过测量和控制来达到高质量水准，而应通过优化生产流程达到最终的质量标准。在产品开发的最初阶段，我们就要通过选择正确的材料、生产流程，以及供应商和生产机器，最终可以达到消费者所期待的高质量水准。只要完全掌控流程，就可以保障质量。如果需要通过测量来判断质量是否足够好，那说明生产流程有欠缺，要改进生产流程。"

以一个博世烤箱为例，从不锈钢材料开始就要经过一系列的测试，每一个部件的尺寸由电子感应器进行检测，以减少误差，这些是考虑到烤箱的使用寿命。实验室每天烤 100 个松饼，如果有一个松饼受热不均匀，所有制作程序必须重新调整，直到所有松饼可以呈现同样的金黄色；一个烤箱门需要在实验室打开关上两万次，即使在包装之后也要进行摇晃和碰撞测试，检测包装是否可以保证烤箱在递送时不受损伤。最终包装完成的成品会有 2% 被打开，重新测试所有功能。

"在很多情况下，我们通过系统性计算进行最终产品'选择性测试'，这只是最后把关，可理论上来说，最佳的生产流程已经完全可以保障最终产品的质量标准。""工业 4.0 是一个进行时。直到现在，一些已经成熟的技术只适用于大批量生产，而不是小批量生产。工业 4.0 不仅取决于技术的提升，还取决于生产流程的搭建处在哪个阶段了。我想强调的，一家只有工业 2.0 水准的工厂是不能直接跳级到 4.0 的。因为连接工业 2.0、3.0 和 4.0 的是精细化管理、精细化工厂生产以及精细化流程。这些只能一步步地改进。"这是博世集团董事斯托瑟的原话，他是工业 4.0 领域的行家，而博世本身不仅是工业 4.0 的实践者，甚至已经成为解决方案的供应商。他说，"一个国家可以从有线网络都不健全，就直接跳级到 4G 网络智能手机；但在工厂生产中，没有实现 3.0，实现工业 4.0 完全不可能。"

许多德国和瑞士的工厂，无论是宝马、保时捷还是博世，工人的工作环境和企业社会责任都是企业十分关心的问题。一间有责任的现代化工厂是对自己的员工和社会都十分负责的。例如，凡是对人体有极大伤害的生产环节，例如"喷漆"，都是完全用自动化的方式解决，人力被安排在最需要的地方，重体力有机器人做助手。这还要根据"人体力学"原理不断地应用新技术，在智能工具和工作空间上给工人提供最舒服的工作环境。

再说一个例子，在维氏军刀的工厂，所有的废弃不锈钢，哪怕是粉末，都会全部回收，由供货商取回进行再利用；所有的废水排到外面时已经达到可饮用的标准；工厂的废热都用来再利用，可以解决 100 多套公寓的供暖。这些细节看起来和工业 4.0 无关，却是工业 4.0 的有机组成。

在很多德国工业企业看来，所谓自动化、物联网，最终还是要解决效率问题，这一效率不仅是企业利润，还有社会运营的效率，关系到整个社会的运转效率。一间优质企业的工厂也未必需要 4.0，同样可以达到效率和投资回报率最大化，同时对社会负责任。

三　教学反思

当前，我国正处在从工业大国向工业强国迈进的关键时期，培育和弘扬严谨认真、精益求精、追求完美的工匠精神，对于建设制造强国具有重要意义[5]。而只有对新时代"工匠精神"的基本内涵形成共识，才能树匠心、育匠人，为推进中国制造的"品质革命"提供源源不断的动力[6]。

参考文献

[1] 肖群忠，刘永春. 工匠精神及其当代价值 [J]. 湖南社会科学，2015（06）：6-10.

[2] 庄西真. 多维视角下的工匠精神：内涵剖析与解读 [J]. 中国高教研究，2017（05）：92-97.

[3] 杜连森. 转向背后：对德日两国"工匠精神"的文化审视及借鉴 [J]. 中国职业技术教育，2016（21）：13-17.

[4] 蔡秀玲，余熙. 德日工匠精神形成的制度基础及其启示 [J]. 亚太经济，2016（05）：99-105.

[5] 王丽媛. 高职教育中培养学生工匠精神的必要性与可行性研究 [J]. 职教论坛，2014（22）：66-69.

[6] 刘洋. 工匠精神融入思想政治教育的价值与路径研究 [D]. 长春：东北师范大学，2017.

第四节　工程伦理——切尔诺贝利核事故

一　知识点与对应的思政元素

工程师除了具备专业知识和技能外，还尤其需要接受伦理学的学习，学会如何伦理决策，否则可能会给社会带来非常大的危险[1]。

二　课程思政教学案例

对切尔诺贝利核事故的反思，应指向安全警钟长鸣，消除人祸因素以把控核风险，而非陷入"反技术"的退步观念中[2]。

在史上最严重的科技浩劫——切尔诺贝利核事故发生 35 周年之际，核电安全再次成为热门议题。事实上，在这三十多年间，围绕核安全的争议未曾休止过，尤其是 2011 年的福岛核泄漏事故后，日本宣布放弃核电计划，德国冻结了核电站，世界很多地方反核声浪也一浪高过一浪，而欧洲方面甚至在认真考虑"无核化"的可能性。

700 万人受到辐射，被污染的土地达数亿公顷……毋庸置疑，切尔诺贝利核事故作为人类灾难史上最黑暗的一页，留下的教训堪称惨重[3]。图 5.6 展示了从 3 号反应堆的屋顶上俯瞰 4 号反应堆的受损建筑。再加上人类和平利用核能史上的另一起 7 级核事故——福岛核事故，很多人更是对核电站安全表示忧心[4]。

图 5.6 从 3 号反应堆的屋顶上俯瞰 4 号反应堆受损建筑

但比起质疑核电技术与发展计划，我们更要做的，是在安全与发展之间取得平衡，并最大程度规避风险。就现实而言，我们既无法也不可能彻底摆脱核能开发。无论是基于经济发展需要，还是解决当前全球性气候问题、实现减排目标，都决定了核能开发的意义。这也是近些年来，核电建设又开始复苏的原因所在。

像英国，目前正在推进到 2025 年新建 16 千兆瓦核电装机容量的计划，这足以满足英国约 1/6 的电力需求。

中国核电产业起步晚，其在全国电力供应中所占比例也微乎其微，远低于美、法等核电大国。美国核电比例不到 20%，韩日的比例都在 30%以上，法国更是超70%。而现实的经济发展与结构调整、环境生态保护，也要求中国更大力地发展清洁能源、可再生能源，如核能。因为众多能源技术中，能提供大规模、稳定电力生产的发电技术只有火电、核电和水电，但水电受地理因素影响太大，而损耗环境的火电又是当前中国要极力摆脱的。

问题的关键，不是"消灭"核电，而在于如何更好地利用核能。这其中重中之重，是人的因素。事实上，人的风险认知与危机意识，有时是那些高科技最重要的"启动装置"。而切尔诺贝利核事故也表明，技术设计不是主要的，最主要原因是人祸。

切尔诺贝利在当时被认为是最安全的核电站。但史料记载，当时相关 RBMK 型反应堆设计、建造和运营为了赶进度，很多必要的安全措施被省略，事故两年前起草的核安全法律，也在终端执行环节虚置，这为灾难埋下伏笔。事发后，核电站主任向上级瞒报；核电站附近的儿童次日照常上课，直到一天半后才撤离；整整 18 天后，民众才等来政府回应……应对失当，也让很多民众成了牺牲品。

无论是人为操作失误还是事后应对失当，都是"人"的因素。这也印证了，2015 年德国电影《我是谁：没有绝对安全的系统》表达的，设计上再安全的系统，都可能因人的因素而产生漏洞。在社会工程里，没有技术是"绝对安全"的，因为人是关键一环。

这不是说，因为无法做到"绝对的安全"，就不发展核电。我们要追求安全，但不应怀着"绝对安全"的迷信去面对核电问题——这不仅是因其难以实现，还因为"绝对安全"的要求可能导致一些人应对问题时为了免责而刻意隐瞒，进而导致问题恶化。

就此看，对切尔诺贝利核事故的反思，应指向安全警钟长鸣，更好地从"人"着手把控核风险，消除人祸因素，如核反应堆设计、建造都须严格遵循安全标准，涉核公共信息透明，而非陷入"反技术"的退步观念中[5, 6]。

三　教学反思

在我国，工程伦理还是一个新的课题，但所涉及的问题其实早已存在。随着中国经济的快速发展和许多重大工程项目的实施，越来越多的工程伦理问题已经显露在我们面前[7]。同时，在我国推进职业化与建设和谐社会的背景下，职业伦理，特别是工程伦理，将会越来越多地受到关注。中国的特殊国情也为研究发展中国的工程伦理提供了宝贵的经验。

参考文献

[1] 李宏卿，王郁涵，曾昭发."工程伦理"课程思政探索与实践[J]. 黑龙江教育（高教研究与评估），2021（03）：80-82.

[2] 王恒德. 切尔诺贝利核事故及其后果[J]. 辐射防护通讯，2000（Z1）：38-41.

[3] 胡遵素. 切尔诺贝利事故及其影响与教训[J]. 辐射防护，1994（05）：321-335.

[4] 张力. 日本福岛核电站事故对安全科学的启示[J]. 中国安全科学学报，2011，21（04）：3-6.

[5] 王燕君，李文红，邓君，等. 切尔诺贝利和福岛核事故的今昔对比及引发世人的深思[J]. 中国辐射卫生，2016，25（04）：459-462.

[6] 官慧. 核安全进化论——世界历次核事故给核能发展带来的启示[J]. 中国核工业，2011（04）：14-19.

[7] 赵劲松，邱彤，陈丙珍. 工程伦理教育在工科通识教育中的作用和实践[J]. 自然辩证法通讯，2021，43（01）：115-120.

第五节 卓越人物——尼古拉·特斯拉

一 知识点与对应的思政元素

尼古拉·特斯拉（1856—1943）是美籍塞尔维亚人，出生在克罗地亚，曾在捷克受教育，工作在布达佩斯、巴黎、布拉格、斯特拉斯堡和美国[1,2]。他四海为家，有强烈的为全人类服务的意识。他是我们这个星球电气化领域的先驱，是他发明和创造了交流电系统，发明了电机和高压变压器，对现代世界工业产生了深远影响。特斯拉创造出了第一台无线电遥控的机器人、太阳能发动机、X光设备、电能仪表、车速表、冷光灯、电子钟、电子治疗仪……这张清单要一直延续下去，他在科学和工程学领域取得了大约 1000 项发明，帮忙开发的更是数不清，但是却分文不取。我们应该向特斯拉学习他的钻研精神、自学精神和奉献精神。

二 课程思政教学案例

科学界有一个普遍共识，人类历史上曾经存在过两个公认的旷世天才：达·芬奇和尼古拉·特斯拉。尼古拉·特斯拉的成就几乎是爱因斯坦、爱迪生的总和。特斯拉（见图 5.7）是谁？

一个单靠想象，完全不需要任何模型、图纸和实验，就可以在脑海中把所有细节完美地描绘出来，和实际做出的物件没有丝毫差别的发明天才。

电气时代的开创者[3]：

当你开着灯，吹着空调，躺在沙发上看着电视，可曾想过，支撑这些生活电器的电是怎么来的吗？100 多年前，在大部分人都还在使用蜡烛照明的时代，一种叫做交流电的电力系统被发明了出来，并且沿用至今。而它的发明者，就是尼古拉·特斯拉。

图 5.7 尼古拉·特斯拉

他的交流电，将人类带入了第二次工业革命。如果你问，"电气时代之父"不是爱迪生吗？那么下面这个故事，会给你一番新的认知。

1884 年，一个年轻人带着前雇主的介绍信，匆匆登上了开往美国淘金圣地的轮船。他要去找他的偶像——托马斯·爱迪生，希望他能帮助自己完成交流电系统的发明。

信上写着："亲爱的爱迪生：我认识两个伟人，一个是你，另外一个就是这位年轻人。"当时，爱迪生正在向全世界推销自己的直流电系统，根本不看好交流电。但凭借这封信，特斯拉还是如愿进入了爱迪生的团队。特斯拉很快就成为了团队的主力工程师。但是后来因为与爱迪生经济矛盾和对待技术上的分歧，两个人最终走向决裂。从此，特斯拉专心致志地做他的交流电系统，特斯拉与交流电机实物记录如图 5.8 所示。

图 5.8　特斯拉与交流电机

当时，爱迪生的直流电系统要求每平方英里（1 英里约为 1.6 千米）内就要有一个发电站，并且因为传输过程中的损耗过大，传输距离也十分受限，而特斯拉的交流电系统用的导线更细，电压更高，传输损耗小，传输距离远。很明显，交流电更有优势。特斯拉通过哥伦比亚世界博览会的照明工程，展示了交流电的可靠性和安全性，最终赢得了"电流之战"，也还了自己清白[4]。

从此，交流电被认可，取代了直流电，成了供电主流。要知道，那个时候，人们每使用约 735W 电力，特斯拉能获得 2.5 美元的专利使用费。有人统计过，这至少可以给特斯拉带来 3000 亿美元的收入！特斯拉早就可以富可敌国了。但万万没想到，他撕毁了专利合同，把这项发明免费供全世界使用（如果他没这么做，我们现在还要给他交钱）！所以，称特斯拉为"电气时代之父"，当之无愧！

三　教学反思

特斯拉一生坎坷，他的成就与他敢于冒险的勇气密不可分，他"敢为天下先"，并且一干到底，哪怕此路不通[5]。工作、生活中我们应该敢于尝试痛苦的滋味，并且在最后可以在痛苦中去承受这种煎熬，才会享受探索未知世界的过程，体验发明创造的乐趣[6]。

参考文献

[1]　邓玉良.尼古拉·特斯拉——一位慷慨的电学大师和天才的发明家[J].大学物理，2000（06）：34-36.

[2]　于青.尼古拉·特斯拉的故事[J].国际人才交流，2019（01）：53.

[3]　刘二中.电气化技术的开拓者：尼古拉·特斯拉[J].自然辩证法通讯，1997（03）：64-72，79.

[4]　丁江铃，谢元栋，纪煦.爱迪生与特斯拉之争引入中学物理教学的意义[J].物理通报，2019（02）：115-116.

[5]　熊花平.尼古拉·特斯拉：用一生去创造[J].福建质量技术监督，2020（08）：58.

[6]　唐厚睦.培养学生创新精神和实践能力的探索[J].中国教育学刊，2000（02）：21-22.

06
第六章

电工技术基础
课程思政教学案例

课程概况

课程名称：电工技术基础。

学分学时：4学分，64学时。

教学对象：机械设计制造及其自动化、能源与动力工程、食品科学与工程、过程装备与控制工程、新能源科学与工程、假肢矫形工程、环境工程、建筑环境与能源应用工程、车辆工程、材料科学与工程、土木工程、制药工程、包装工程、新媒体技术等专业本科一年级学生。

课程类别：大类基础理论课程（　√　）

学科基础理论课程（　　　）

专业基础理论课程（　　　）

专业核心课程　　（　　　）

课程简介：本课程是高等院校非电类专业的电工及电子基础理论课。帮助多个专业的学生学习电相关学科基础知识，培养学生将电工和电子的基本知识应用于各自专业的能力，并培养相关知识的终身学习能力，为各个专业的后续学习提供学科基础知识支撑，继而持续发展各自专业能力。课程内容分为电工部分与电子部分。电工基础知识包括：电路分析的基本定律、直流电路分析的基本方法、正弦交流电路的相量分析法、三相交流电路、一阶电路的暂态分析。电子部分包括：二极管及其应用电路、三极管及其放大电路、集成运算放大器及其应用、门电路和组合逻辑电路、触发器和时序逻辑电路的分析与设计。

课程思政设计：课程围绕"立德树人"的核心目标，通过相关电类产品民族品牌案例的学习，培养学生民族自信与文化自信，增强时代使命感与社会责任感；使用现代仿真工具的演示学习，开阔学生视野，使学生意识到不断学习、与时俱进的重要性；解读中国优秀传统文化作品，激发学生的社会责任感及家国情怀。在专业授课中，思政元素的融入，可以引导学生树立科学的人生观和价值观，有助于培养合格的社会主义建设人才。

授课教师团队：谢明、姜松、陈国平、易映萍、张志华、李孜、姚磊、王陆平、谢素霞。

第一节　自主创新——快速发展的手机充电技术

一　知识点与对应的思政元素

电工与电子学是非电类相关工科专业的必修课程之一，有不少同学认为本课程的学习与自己专业无关，因此有消极的学习情绪。本案例通过介绍手机充电器技术的发展，结合国产品牌华为、小米充电器的技术优势，在增加学生学习兴趣的同时，增强其民族工业自豪感。阐述电子设备和电子产品同我们的生活、工作联系紧密，让同学们意识到努力学习电学知识、与时俱进的重要性。

二 课程思政教学案例

电工与电子学是非电类相关工科专业的必修课程之一，为什么我们要学习电工与电子类的课程？因为我们的生活与工作实际上已经离不开电和电类产品了。比如，在我们的生活中不可或缺的电子产品——手机。

实际上，手机已经成为人们生活中的必备，亲朋好友的交流以及社会信息的获取多数是通过手机来进行的。而在正常使用手机时，还需要另外一个必不可少的装备：充电器。作为普通用户，人们关心的是：充电种类有哪些？如何选用充电器？从更专业的角度，我们关注的问题是：充电器的技术指标有哪些？为什么会是这样的指标？

充电技术目前一般分为两大类：有线充电与无线充电。其中，有线充电技术是传统的手机供电技术，也是大多数手机供应商采用的技术方案。与有线充电相比，无线充电技术有更佳的用户体验，只需要将手机放在充电台座上，就能够自动对手机进行充电，如图 6.1。没有充电接口的插拔动作，不用担心充电线的损坏，这为人们提供了更为便捷的使用方式[1]。

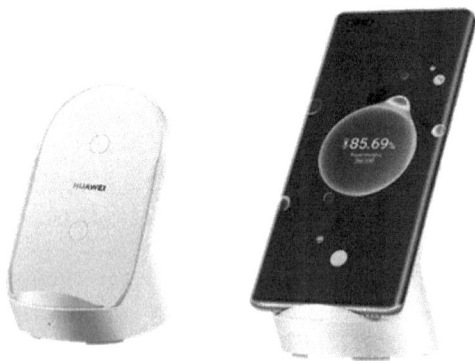

图 6.1　华为超级快充立式无线充电器 CP62R（50W）

对于普通用户而言，充电器的一个重要性能要求是充电快。普通的充电器为 5V1~2A，提供的充电功率为 5~10W；快充充电器可以提供 5V3A，即 15W 的充电功率；而超级快充可以达到 20W 左右的充电功率。2019 年起，华为手机提供了 40W

的超级快充充电方案；2020 年，华为手机实现了 50W 的无线充电应用；与此同时，小米手机提供了高达 120W 的闪充技术[2]——从无电到充满 4500mAh 的电池，仅需不到 40 分钟的时间（见图 6.2）。为什么不能以更大的功率提升手机充电速度呢？如果充电电池不能接受大电流充电而外部电源强行增加功率，则电池会有爆炸的危险，从而引发安全事故。因此，约束充电速度的背后是电池受电能力的限制[3]。

图 6.2　小米 120W 充电器[4]

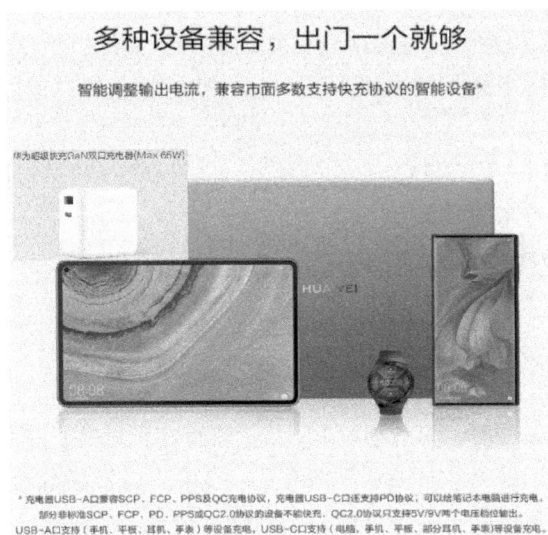

图 6.3　多接口、带多种充电协议的华为 65W 充电器

从超级快充达到 40W 开始，业界就让手机充电器与平板电脑电源适配器兼容

了，因为如此高的功率输出已经可以满足平板电脑的供电需求了。由于单一的 5V 输出满足不了实际需求，因此，需要配以相应通信协议，让用电设备"告诉"充电器需要输出多少电压、多大电流限制的输出电源方案。因为导线电流限制以及元器件耐受电压的限制，目前的 PD 充电协议，覆盖了 20V5A 的充电输出，可以满足大多数手机以及笔记本电脑充电需求（图 6.3）。这意味着：多种设备兼容，出门一个就够[5]。

三 教学反思

通过上述充电器的介绍，我们初步体会了电力电子技术给人们的生活带来的改变，也为民族品牌在先进应用技术领域占有一席之地感到自豪。在工业工程应用领域，相关电气或电子设备常常是不可或缺的。掌握相关电学知识，对于开展专业工作也是相当必要的。时代的巨轮不断前进，科学技术在不断发展，也需要我们不断充电，学习科学技术知识，与时俱进。

参考文献

[1] 华为商城. 华为超级快充立式无线充电器 CP62R（Max50W）[EB/OL].
[2] 小米商城. 小米氮化镓 GaN 充电器 Type-C65W [EB/OL].
[3] 华为商城. 华为超级快充 GaN 双口充电器（Max65W）[EB/OL].
[4] 卞娅琪. 小米发布氮化镓充电器 推动平板变压器需求热 [J]. 磁性元件与电源，2020（4）：48.
[5] Navitas. 纳微半导体 65W 氮化镓（GaN）方案获小米 10 Pro 充电器采用 [J]. 半导体信息，2020（1）：3-7.

DIERJIE
第二节 辩证思维——动与静、大与小

一 知识点与对应的思政元素

在讲述二极管模型时，深刻理解 PN 结伏安特性很重要，特别地，PN 结的伏安特性曲线与三极管的输入特性曲线基本类似。在对三极管基本放大电路分析时，首先需要分析静态偏置电路，然后以此为基础进行动态放大参数的分析计算。学生一般都能够较好地掌握静态和动态结合的基本放大电路分析方法，但是对于为什么要有静态偏置，才能有动态信号的放大原理往往理解不够深刻。

教学中，通过一个简单的二极管放大电路仿真分析，学生直观地看到，没有直流电源的加入，微小的交流信号无法克服死区电压，进而向后传递给放大电路。由

此得出结论：基本放大电路的动态信号传递是以直流偏置电路提供的静态条件为基础的。

为了让同学加深对动态与静态之间的辩证关系的理解，引申出了个人的发展离不开父母、家庭的支持。中华民族历来重视家庭，正所谓"天下之本在家"，个人离不开家庭的支持，而国家又是千万个小家庭组成的大"家"。课堂中，对南唐后主李煜的作品解读及其遭遇回顾，展现出这样的道理：没有国就没有家，更不会有个人的发展空间。我们应该以实际行动，承担家庭和社会的责任，把实现家庭梦融入民族梦之中。

二　课程思政教学案例

电工与电子学的学习中，掌握 PN 结的伏安特性曲线知识点，是深刻理解二极管单向导电性和基本共基三极管放大电路静态偏置原理的基础[1]，因此，引入仿真电路如图 6.4，电路的仿真使用了国产仿真软件——立创 EDA 仿真工具。

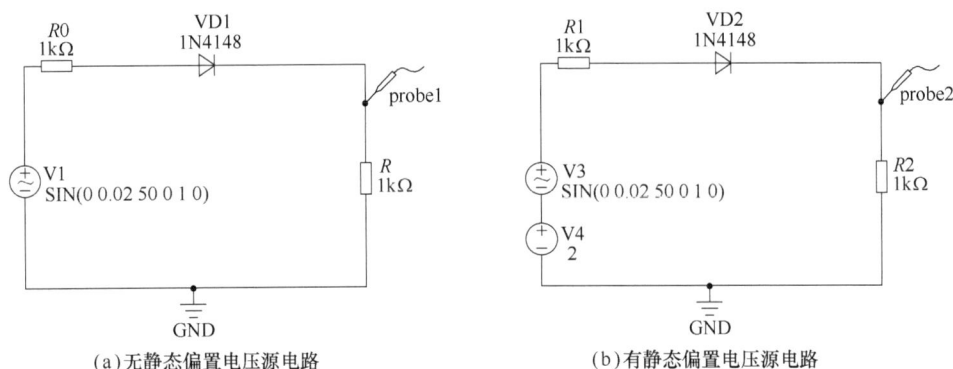

（a）无静态偏置电压源电路　　　　　　（b）有静态偏置电压源电路

图 6.4　二极管电路的交流信号传输仿真

在图 6.4（a）中，由于交流信号较小，无法克服 PN 结的死区电压，所以不能将其信息传递给后级的放大电路（图中的放大电路以等效电阻 R 来替代）；而在图 6.4（b）中可以看到，由于使用了直流偏置电源，交流信号 vs 能够顺利地通过二极管向后传递。

使用立创 EDA 仿真，得到仿真波形如图 6.5 所示。其中的 V（probe1）和 V（probe2）波形分别对应图 6.4（a）和图 6.4（b）中 probe1、probe2 处的电位波形。根据仿真波形，可以得到这样一个结论：在含有双极型半导体器件的电路中，交流信号的放大与传递往往离不开直流偏置电路提供的静态工作条件。

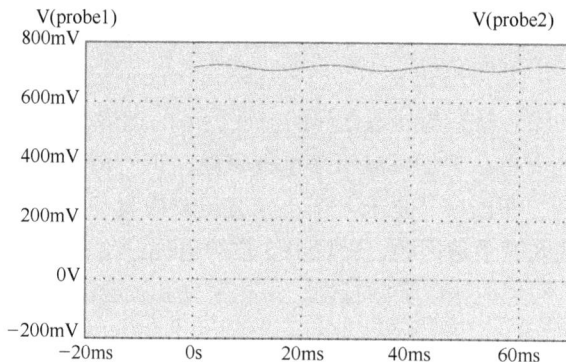

图 6.5 对图 6.4 电路的仿真波形

由上述电路的分析对照我们的现实生活，可以做类比：每个人的成长离不开父母的养育。家庭的支持、祖国的发展和强盛就是我们每位同学在现实社会中舞动青春、展现自我风采的有力保障。

校园生活中虽然面临学习的挑战和压力，但是有同学与老师的帮助，当然更多地还是要靠自己的努力。当遇到发愁或忧伤的事情时，我们又能够从一些古诗词中找到共鸣与安慰。相信大家都熟悉这首词：

相见欢·无言独上西楼

无言独上西楼，月如钩。寂寞梧桐深院锁清秋。

剪不断，理还乱，是离愁。别是一般滋味在心头。

这是南唐后主李煜的一首词[2]，字里行间透露出了悲伤凄惨的感情，词中对愁绪的刻画让读者立即能够感同身受并广为流传。这是为了男女之情而发愁吗？或是少年不识愁滋味，为赋新词强说愁？一首词是绝不可能仅仅通过表现词人自己的思绪情感就能唤起人们的同感，并深受人们的喜爱推崇的，它必须有能为人们普遍接受且感动的真情实感[2]。实际上，这是李煜作为亡国之君所做的词，亡国之痛于他而言无疑是深入骨髓的，无法自我麻痹的他不能改变历史的大潮，只好用极其婉转而又无奈的笔调抒发心中的悲愁，同时，选用了"相见欢"这样一种花好月圆的词牌来嘲讽自己[3]。

或许是江南水乡独有的清丽秀雅的好山好水好风光润养了李煜的一身才华，赋予了他用之不竭的灵感，也使他对故国的思念之情无法压抑——词人者，不失其赤子之心者也[4]，于是，他提笔写下更为露骨的词句：

虞美人·春花秋月何时了

春花秋月何时了，往事知多少。小楼昨夜又东风，故国不堪回首月明中。

雕栏玉砌应犹在，只是朱颜改。问君能有几多愁？恰似一江春水向东流。

整首词表达了处于"故国不堪回首"的境遇下，愁思难禁的痛苦。全词不用华丽的修饰和典故，寓景抒情直抒胸臆。透过词句，我们不难看出，这位从威赫的国君沦为阶下囚的南唐后主，此时此刻的心中有的不只是悲苦愤慨，多少也有悔恨之意。可惜的是，历史不能改变，更为可叹的是，这首词成了李煜的绝命词。史料（宋人王铚的《默记》）记载，宋太宗因此派人毒杀了他。以历史唯物主义观的视角看，李煜的思想及境界自然有其相对的局限性，但不可否认的是李煜词作中深刻表达了自己对故国的情思，承载着人们寄托其上的家国情怀。李煜用自己的生命和辞章告诉人们：没有国便没有家，甚至会失去生存的权利——后主之词，真所谓以血书者也[4]。

三　教学反思

中国的近代史中，国家受到世界列强的不平等条约和武力威胁，人民没有生存的尊严。在中国共产党的领导下，从建国到改革开放我们取得了巨大的发展和成就，为普通民众提供了良好的生活发展环境。

目前，在疫情的影响下，世界面临着新的挑战和机遇。我们肩负着父母和家庭默默的期盼，每个人应当报以实际行动，通过努力学习提升自己服务社会的能力，立足社会、营造美好家庭生活的同时，把实现家庭梦融入民族梦之中，心往一处想，劲往一处使，用我们4亿多家庭、14亿多人民的智慧和热情汇聚起实现"两个一百年"奋斗目标、实现中华民族伟大复兴中国梦的磅礴力量。

参考文献

[1]　忻尚芝. 电工与电子技术教程［M］. 上海：上海科学技术出版社，2012.

[2]　陈乃馨. 浅谈李煜词中的家国情怀［J］. 科学导报，2016（8），68-72.

[3]　杨军. 南唐后主李煜传［M］. 长春：吉林人民出版社，2010.

[4]　王国维. 人间词话［M］. 哈尔滨：哈尔滨出版社，2007.

DISANJIE
第三节　可持续发展——从无功功率到节能减排新方向

一　知识点与对应的思政元素

在电工与电子学课程内容中，对于正弦交流电路的功率分析，其中有瞬时功率、有功功率（平均功率）、无功功率和视在功率。其中，电路的平均功率是消耗在电阻上的功率；但是对于电容和电感元件而言，电压与电流的相位差为90°，功率因数为零，它们的有功功率为零，不消耗有功功率。可是它们要和电源之间进行能量交换，即无功功率。

同学们是否会有疑问，既然无功功率并不消耗能量，那就是没有什么危害？其实不是，无功功率的危害其实非常严重，比如降低发电机有功功率的输出，降低输、变电设备的供电能力，造成线路电压损失增大和电能损耗的增加，造成低功率因数运行和电压下降，使电气设备容量得不到充分发挥。节约能源、减少无功功率、提高能源利用效率也是响应国家的号召，建设资源节约型、环境友好型社会的关键举措。

二 课程思政教学案例

正弦交流电路中，有功功率为：

$$P = UI \cos\varphi \tag{6.1}$$

无功功率为：

$$Q = UI \sin\varphi \tag{6.2}$$

因为无功功率的危害，我们要降低无功功率，提高有功功率，也就是提高功率因数 $\cos\varphi$。

提高因数的方法有以下几种[1]。第一，合理选用电气设备及其运行方式，比如：（a）尽量减少变压器和电动机的浮装容量；（b）减少大马拉小车现象，调整负荷，提高设备利用率，减少空载、轻载的运行设备；（c）对负载有变化且经常处于轻载运行状态的电动机，采用△-Y自动切换方式运行。第二，在感性负载上并联电容器，提高功率因数。无论哪一种方法，从根本上就是提高能源的利用效率。

能源是人类文明进步的基础和动力，攸关国计民生和国家安全，关系人类生存和发展，对于促进经济社会发展、增进人民福祉至关重要。根据 2019 年的统计数据（见表 6.1 和表 6.2），中国已经成为世界第一大煤炭消费国和第二大石油消费国，煤炭消费量占全球总消费量的 51.7%，石油消费量占全球总消费量的 14.3%。

表6.1 2019 年世界十大煤炭消费国排名（单位：EJ）

序号	国家	2019 年	2018 年	同比增长/%
1	中国	81.67	79.83	2.3
2	印度	18.62	18.56	0.3
3	美国	11.34	13.28	-14.6
4	日本	4.91	4.99	-1.7
5	南非	3.81	3.76	1.4

续表

序号	国家	2019 年	2018 年	同比增长/%
6	俄罗斯	3.63	3.63	0
7	韩国	3.44	3.63	-5.3
8	印度尼西亚	3.41	2.84	20.0
9	德国	2.30	2.90	-20.7
10	越南	2.07	1.59	30.2

表6.2　2019 年世界十大石油消费国排名

序号	国家	原油需求/（万桶/天）	全球份额/%	增长率/%
1	美国	1940	19.7	-0.1
2	中国	1410	14.3	5.1
3	印度	530	5.4	3.1
4	日本	380	3.9	-1.1
5	沙特阿拉伯	380	3.9	0.5
6	俄罗斯	330	3.4	1.1
7	韩国	280	2.8	-0.8
8	加拿大	240	2.4	-1.7
9	巴西	240	2.4	0.9
10	德国	240	2.4	0.9

　　与此同时，中国还是世界第一大粗钢生产国（2020 年粗钢产量达 10.53 亿吨，占全球粗钢产量的 56.5%）、世界第一大水泥生产国（2019 年水泥产量约占全球水泥产量的 57%）。基于粗放式的经济发展模式，导致能源经济效益急剧下滑，同时导致污染加剧；需求的急速增长，造成了对资源掠夺性和破坏性的开采，而且高强度的煤炭开采造成事故频发，也成为一大社会问题[2]。

　　一方面我国能效的利用程度比较低，另一方面，我国的碳排放已经对我国的社会经济和农牧业生产造成了不利的影响（见图 6.6）。经济发展与资源环境矛盾日趋尖锐。在此背景下，国家最高领导层多次强调要加强节能减排工作，可以不夸张地讲，节能减排已经成为今后全国工作的一个重点，并且长期存在。

　　2020 年 12 月，国务院新闻办公室发表《新时代的中国能源发展》白皮书[3]。白皮书系统介绍了党的十八大以来中国推进能源革命的历史性成就，全面阐述了新时代新阶段中国能源安全发展战略的主要政策和重大举措。其中几个关键数据如下：①全面推进能源节约，以能源消费年均 2.8% 的增长支撑了国民经济年均 7% 的

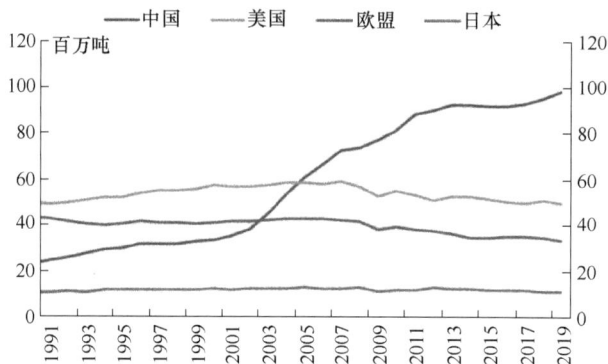

图 6.6　全球主要国家和地区碳排放量

增长；②清洁能源占能源消费总量比重达到 23.4%，比 2012 年提高 8.9 个百分点，水电、风电、太阳能发电累计装机规模均位居世界首位。能源安全保障能力持续增强，为服务经济高质量发展、打赢脱贫攻坚战和全面建成小康社会提供了重要支撑。

　　节能减排不仅仅意味着节约能源，还有对所有资源的节约和合理利用，以增强可持续发展能力。从我们学生来讲，要做的是观念的转变，从要我节能变成我要节能。第一，节约电能，随手关闭不使用的电器，少用电脑、手机玩游戏，减少电池消耗及频繁充电等行为。第二，节约用水，可以一水多用，可以把洗衣服等的水用来冲厕所等，同时用完水后，把水龙头拧紧。第三，节约用纸，草稿纸双面使用，公共课课本可以循环使用。第四，采用低碳出行方式，减少汽车废气排放。第五，垃圾回收利用，分类处理，很多垃圾是可以回收利用的，比如废旧的电池、饮料瓶等，属于再生能源，将垃圾分类处理可以帮助回收利用，有利于变废为宝。第六，自备购物袋或使用可降解塑料袋，减少白色垃圾，减少碳排放。第七，加强环保宣传，加强节能减排意识。

（三）　教学反思

　　国务院新闻办公室发布的《新时代的中国能源发展》白皮书中对于中国的新能源发展提出了几个方面的要求。①走新时代能源高质量发展之路。②建设多元清洁的能源供应体系。③全方位加强能源国际合作。对于我们个人来讲，也要积极响应国家提出的号召，加强自身节能减排意识。在日常的教学过程之中，也要时刻提醒国家的能源战略，在学习知识的同时向学生灌输节能减排的相关意识。在电工与电子学[4，5]正弦交流电路这一部分中，不仅要学会有功功率、无功功率的具体含义以及提高功率因数的方法，更深层次的是要知道提高功率因数对于国家来说意味着能源利用效率的大大提高，更好地理解国家战略方面的规划，进而提高学生个人节能减排方面的意识。

理论课程的学习繁重且枯燥，同时也是一个需要长期坚持的过程。如果能在课程学习中结合国家发展战略，让学生从思想上重视起来，就更容易激发学生的学习兴趣，希望能在未来国家的发展中贡献自己的力量，这无疑会提高学习的效率。

参考文献

[1] 王洛印，胡化凯. 电磁感应定律的建立及法拉第思想的转变［J］. 哈尔滨工业大学学报：社会科学版，2009，11（03）：19-33.

[2] 郝宇，王冷鸥，吴烨睿. 新时代中国能源经济预测与展望［J］. 北京理工大学学报：社会科学版，2018，20（02）：14-20.

[3] 中华人民共和国国务院新闻办公室. 新时代的中国能源发展［EB/OL］.

[4] 忻尚芝. 电工与电子技术教程［M］. 上海：上海科学技术出版社，2012.

[5] 卢柳青，班璐，黄大明. 专业课思政元素的挖掘和运用——以"汽车理论"课程为例［J］. 职业教育，2020，9（2）：5-8.

第四节 工程伦理——从三极管放大电路看严谨治学

一 知识点与对应的思政元素

在电工与电子学课程内容中，对于三极管及其放大电路分析，共发射极放大电路中发射极有两种接法，一种是电阻上并联电容，一种是电阻上没有并联电容。对于这两种放大电路的接法，我们首先对它们进行静态分析，发现有没有并联电容没有任何差别，但是在对它们进行动态分析时，差距却非常大。一个小小的电容居然会有如此大的影响，这就要我们在以后的研究或者工作中始终保持严谨的工作态度。

严谨治学对于教师而言，有两个内容：一是刻苦学习、求知，勇于探求新理论、新知识，做到锲而不舍，学而不厌，掌握渊博的科学文化知识[1]；二是认真细致地向学生传授科学文化知识，坚持真理，求真务实，做到诲人不倦。对于学生来说，在教师引导下探索求知，获取知识，更重要的是，在此过程中得到能力的提高、方法的训练，以及严谨治学的态度、精神的培养[2]。

二 课程思政教学案例

在三极管及其放大电路这一章[3]，如图 6.7 所示，（a）和（b）两个电路图唯一的区别就是发射极电阻 R_E 上一个并联电容 C_E，一个没有并联电容 C_E。

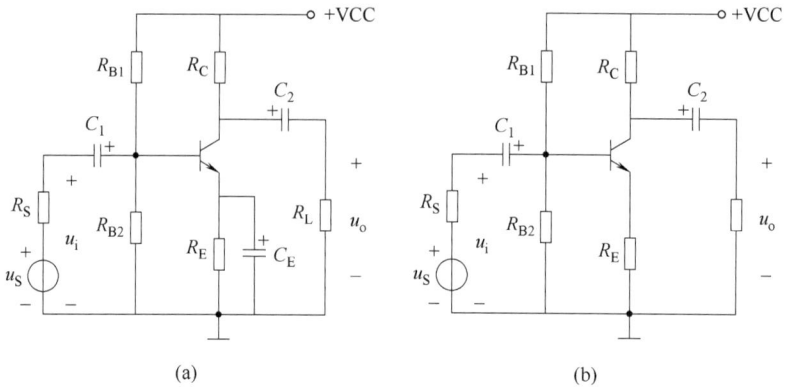

图 6.7 共发射极放大电路

我们在对这两个电路动态分析时，可以得到两个电路的动态参数。

对于（a），电压放大倍数为：

$$A_u = -\beta \frac{R_L}{r_{be}} \tag{6.3}$$

对于（b），电压放大倍数为：

$$A_u = -\frac{\beta R_L}{r_{be} + (1+\beta) R_E} \tag{6.4}$$

可以看出，加上一个电容对于放大倍数的影响非常大；同时整体放大电路的动态参数还和电路中各个元件相关，这就需要我们合理使用元器件进行设计与电路实现，这些无一不要求我们有严谨的治学态度。

在科研工作中，要求我们具有严谨认真的学习态度。严谨细致，就是对一切事物都有认真、负责的态度，一丝不苟、精益求精，于细微之处见精神，于细微之处见境界，于细微之处见水平。对于我们工科学生来说，从事科学研究更要有严谨的治学态度。孟德尔，现代遗传学之父，通过人工培植豌豆，对不同代的豌豆的性状和数目进行细致入微的观察、计数和分析。这样的实验方法需要极大的耐心和严谨的态度，8 个寒暑的辛勤劳作后，孟德尔发现了生物遗传的基本规律，并得到了相应的数学关系式。人们分别称他的发现为"孟德尔第一定律"和"孟德尔第二定律"，它们揭示了生物遗传奥秘的基本规律。2003 年"非典"时期，中国很多医学权威都认为是衣原体病毒，但是钟南山院士另有发现，他大胆质疑，进行严谨的科学实验，屡次坚持自己的观点，认为是冠状病毒，这为当时快速确诊、救治病人立下了大功劳。当然失败的例子也不胜枚举，1992 年 3 月 22 日，我国发射美制澳大利亚通信卫星的"长征二号"[4]捆绑火箭，点火后出现故障，故障的原因是电爆管误爆，误爆是由于点火控制电路中的一个控制点上有微量铝质多余物，接点闭合后产生高温引起爆燃，使电爆管误爆，这个事件纯属极小概率事件，整个火箭的零部件多达几十万个，但极小失误造成的损失和影响是不可低估的。

自古以来，中华民族不仅勤劳，而且智慧，从来不缺工匠精神。中国工匠的发明创造惠及整个人类。实现中华民族伟大复兴的中国梦的新时代，呼唤并迫切需要大国工匠精神。"工匠精神"的内涵就在于精益求精、严谨、耐心、专注、坚持、专业、敬业。差之毫厘，谬以千里，对于学生来说，培养思维的严谨性非常重要。

三　教学反思

严谨、细致地处理问题对生活、科学研究、工程设计都是非常有帮助的。在生活和工程中，常有因为一点纰漏而导致全盘皆输的事例，从这一点说，严谨有时是决定成功与否的关键，培养学生的严谨的思维方式也是我们教学任务之一。

21世纪，社会对大学生的综合素质提出了更高的要求。特别是我们工科学生，必须具备良好的科学素养和科研能力；同时党的十九大报告提出"弘扬劳模精神和工匠精神"。党的十九届四中全会提出"弘扬科学精神和工匠精神"，这些都需要学生科学严谨的学习态度。在电工与电子学[5]课程中，不光是三极管放大电路中，在任何一章节中，如直流电路分析方法中，电压和电流的参考方向不小心标错了，最终的答案也将出错。在学习的过程中如此，在科研的过程中亦是如此。本科生做科研更要有充分的心理准备，因为这是漫长而艰辛的过程，坚持下去需要有很大的毅力，一旦决定参加就要坚持到底；同时，在实验的过程中会出现各种问题，一定要严谨地记录每一个实验数据和实验现象；即使失败了也要从中吸取经验，每一次的挫折都要有更深的认识和体会。一分耕耘，一分收获，付出总会有回报，始终怀抱这种心态，积极开展实验，学生的科研能力就会不断提高，严谨的科研态度也会慢慢养成。

参考文献

[1] 汪义菲，韩立赤，向彬. 论本科生在创新课题中培养科学严谨性 [J]. 教育教学论坛，2013，12（15）：96-97.

[2] 杨艺明. 学术研究需要树立严谨求实的科学作风 [J]. 中华外科杂志，2005，43（1）：1-3.

[3] 张勋友.《电工与电子学》课程教学改革的探讨 [J]. 科技信息，2010，8（11）：15.

[4] 刘欣，李文钊，赵春利. 长征二号 F 火箭不断提高可靠性的历程 [J]. 中国航天，2008，12（10）：38-41.

[5] 曹鸿霞，冒晓莉，张加宏. Multisim10 在单管共射放大电路中的应用 [J]. 现代电子技术，2011（14）：169-172.

07
第七章

电机学
课程思政教学案例

课程概况

　　课程名称：电机学。

　　学分学时：3学分，48学时。

　　教学对象：电气工程及其自动化专业本科三年级学生。

　　课程类别：大类基础理论课程（　　　）

　　　　　　　　学科基础理论课程（　　　）

　　　　　　　　专业基础理论课程（　　　）

　　　　　　　　专业核心课程　　（　√　）

　　课程简介：本课程是电气工程及其自动化专业的一门专业基础必修课，学生应达到扎实掌握电气工程专业的专业基础知识（对应毕业要求指标点1.3）的标准。主要研究电机与电力拖动系统的基本理论，将其应用联系到生产实际中。学生达到掌握研究复杂工程问题的科学原理和科学方法（对应毕业要求指标点4.1）的要求。掌握常用交直流电机、变压器的基本理论，　主要内容包括电机中的电磁学、电力拖动系统动力学、变压器、直流电机原理及电力拖动、交流绕组的电动势和磁动势、三相异步电机的原理及各种运行方式、交流电机拖动系统的速度调节、同步电机的运行原理、电力拖动系统电机的选择、控制电机、特种电机。

　　课程思政设计：在培养学生电机工程能力的同时，在国家意识层面，在教学内容中融入电机历史、我国在电机上的成就，培养学生的家国情怀和爱国精神；在品德修养层面，在教学内容中融入我国电机工作者的艰苦奋斗和爱岗敬业奉献精神；在专业学术方面，在教学内容中融入我国电机研究者的求真创新精神，将正确的价值观传递给学生。

　　授课教师团队：李正、饶俊峰、蒋全。

第一节　自主创新——定子与转子的技术革新

一　知识点与对应的思政元素

　　金沙江下游攀枝花至宜宾河段将分四级开发，即乌东德、白鹤滩、溪洛渡和向家坝四个梯级电站。其中，总装机容量1386万千瓦的溪洛渡水电站和640万千瓦的向家坝水电站所有机组已分别于2014年6月、7月全部投产。而白鹤滩水电站的设计总装机容量为1600万千瓦，建成后将超过溪洛渡的1386万千瓦，成为中国的第二大水电站，仅次于三峡的2250万千瓦。

白鹤滩水电站是全球范围内率先使用单机容量百万千瓦级机组的水电站,共装 16 台,首次全部采用我国国产的百万千瓦级水轮发电机组,其中,东方电机为金沙江白鹤滩水电站生产左岸 8 台套水轮发电机组及其辅助设备,哈尔滨电机厂生产右岸 8 台。单机容量 100 万千瓦,将超过目前世界上单机容量最大的向家坝水电站。通过对水轮发电机的定子与转子的自主创新的案例学习,学生在掌握同步电机的知识之余提高创新意识和能力。

二 课程思政教学案例

（1）定子的创新——696 槽 56 极波绕组的优化接线

由东方电机厂生产的白鹤滩水电站左岸单台机组定子铁芯内径为 16.3m,外径为 17.5m,高度达 3.55m,由 51 万余张 0.5mm 厚的硅钢片叠装而成,叠装后铁芯达 624.4t。

定子铁芯被誉为交变磁场的"高速公路"。在铁芯叠装、压紧完成后进行的磁化试验是定子组装质量检验的必要手段,目的是校核定子铁芯硅钢片制造、现场叠装、压紧等安装质量,以及铁片间是否有短路情况、片间绝缘是否良好等[1]。

白鹤滩百万千瓦水轮发电机组是目前世界单机容量最大的水轮发电机组。白鹤滩冲片质量要求异常严格,哈尔滨电机厂为保证精品目标的实现,要求最高的部位公差达到了 0.04mm。白鹤滩首台定子冲片叠检,由 58 块冲片组成整圆,内圆尺寸大,圆度要求高,如图 7.1 所示[2],因此在厂内验收环节,采用激光跟踪仪测量内圆尺寸和圆度。内圆尺寸公差 $D_{-1.5}^{+2}$mm,圆度公差要求 0.80mm[2]。

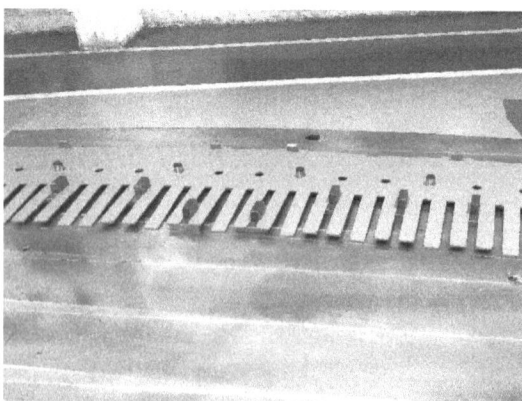

图 7.1　定子硅钢片

哈尔滨电机厂白鹤滩 1000MW 空冷发电机采用分数槽绕组,波形连接。白鹤滩

1000MW 空冷发电机绕组主要参数如表 7.1 所示[3]。

表 7.1　白鹤滩（右岸）1000MW 空冷发电机绕组主要参数

参数名称	值	参数名称	值
额定电压 U_{N}/kV	24	极数 $2p$	56
槽数 Z	696	相数 m	3
并联支路数 a	8	每极每相槽数 q	29/7

　　通过优化绕组接线降低绕组端部线棒间电位差的方法，其基本原则是尽量将高电位线棒布置在相带中间，而把低电位线棒布置在相带两侧，通过优化排列，通常可使绕组任意相邻线棒间电位差低于电机相电压[3]。通常取方块图中的台阶作为绕组连接的始端和末端，以简化绕组连接，参见图 7.2。

　　图 7.2 中数字代表各支路已串联线圈的匝数，随着匝数的增加，线圈电位按比例增加。白鹤滩 1000MW 发电机每支路共串联 29 个线圈，因此，图 7.2 中数字 1 代表低电位端（中性点端），数字 29 代表高电位端（主引出线端）。在同一相带同一高度台阶处的两槽处增设一个上下层连接的极间连接线，连接线长度为 29 个槽距，即可达到将高电位线棒布置在相带中间，而把低电位线棒布置在相带两侧目标。优化方案的线棒间最大电位差出现在各相带内部，为 $0.438U_{\mathrm{N}}$（10.51kV），较优化前降低了 50% 以上，且异相线棒间最高电位只有 $0.369U_{\mathrm{N}}$（8.85kV）。

U				W₀					V				U₀			
7	29	22	15	8	14	21	28	6	2	24	17	10	12	19	26	4
6	28	21	14	8	15	22	29	7	1	23	16	9	13	20	27	5
5	27	20	13	9	16	23	1	7	29	22	15	8	14	21	28	6
4	26	19	12	10	17	24	2	6	28	21	14	8	15	22	29	7
3	25	18	11	11	18	25	3	5	27	20	13	9	16	23	1	7
2	24	17	10	12	19	26	4	4	26	19	12	10	17	24	2	6
1	23	16	9	13	20	27	5	3	25	18	11	11	18	25	3	5
29	22	15	8	14	21	28	6	2	24	17	10	12	19	26	4	4
28	21	14	8	15	22	29		1	23	16	9	13	20	27	6	2
27	20	13		16	23	1	7	29	22	15	8	14	21	28	6	2
26	19	12		17	24	2	6	28	21	14	8	15	22	29	7	1
25	18	11		18	25	3	5	27	20	13	9	16	23	1	7	29
24	17	10	12	19	26	4	4	26	19	12	10	17	24	2	6	28

图 7.2

U					W_0				V				U_0			
23	16	9	13	20	27	5	3	25	18	11	11	18	25	3	5	27
22	15	8	14	21	28	6	2	24	17	10	12	19	26	4	4	26
21	14	8	15	22	29	7	1	23	16	9	13	20	27	5	3	25
20	13	9	16	23	1	7	29	22	15	8	14	21	28	6	2	24
19	12	10	17	24	2	6	28	21	14	8	15	22	29	7	1	23
18	11	11	18	25	3	5	27	20	13	9	16	23	1	7	29	22
17	10	12	19	26	4	4	26	19	12	10	17	24	2	6	28	21
16	9	13	20	27	5	3	25	18	11	11	18	25	3	5	27	20
15	8	14	21	28	6	2	24	17	10	12	19	26	4	4	26	19
14	8	15	22	29	7	1	23	16	9	13	20	27	5	3	25	18
13	9	16	23	1	7	29	22	15	8	14	21	28	6	2	24	17
12	10	17	24	2	6	28	21	14	8	15	22	29	7	1	23	16
11	11	18	25	3	5	27	20	13	9	16	23	1	7	29	22	15
10	12	19	26	4	4	26	19	12	10	17	24	2	6	28	21	14
9	13	20	27	5	3	25	18	11	11	18	25	3	5	27	20	13

图 7.2　$q=29/7$、$2p=56$ 时，优化波绕组连接方块图（局部）

（2）定子绕组绝缘技术创新——国内外最先进的漆包单涤纶玻璃丝烧结线

白鹤滩发电机额定电压 24kV 级为目前国内外水轮发电机定子设计最高电压，绝缘设计难度最大。哈尔滨电机厂采用了多胶模压。主绝缘作为其工艺路线。多胶模压的工艺路线为：多胶云母带包扎→防晕带包扎→上模具加压、大电流加热固化。多胶模压的基本原理是：在热压成型过程中从内向外挤出多余的胶，填充挤出空气中的气隙。在工艺性方面，多胶模压工艺简单可靠，具有技术非常成熟、包扎贴服性好和端部几何形状好等诸多优点，白鹤滩线棒通过严格控制工艺过程，保证温度、时间、压力等工艺参数相互配合、恰到好处，有效地保证了产品线棒的优异性能[4]。

哈尔滨电机厂大型发电机采用的 F 级桐马环氧粉云母多胶主绝缘的电气、力学性能均达到国外少胶 VPI 体系同等电压水平。白鹤滩线棒的瞬时击穿场强达到了 34kV/mm。白鹤滩线棒采用的是目前国内外最先进的漆包单涤纶玻璃丝烧结线，该材料目前实现了国产化。漆包单涤纶玻璃丝烧结线的电气性能优于双涤纶玻璃丝烧结线，特别是当温度指数达到 190℃时。在试验工装上进行耐压试验及绕组电晕试验，如图 7.3 所示[4]。

对白鹤滩水轮发电机定子绕组配套用高强度波纹板、环氧玻璃布层压板、高强度环氧玻璃毡层压板槽楔、半导体无纺布、硅橡胶、浸胶固定材料、绝缘盒、绝缘端箍等进行了开发和研究，保证了材料各项技术指标可以满足白鹤滩水轮发电机定子绕组安全、稳定地运行。定子绕组端部固定结构如图 7.4 所示[4]。

图 7.3　绕组模拟电晕试验装置

图 7.4　定子绕组端部固定结构

（3）转子技术的创新——转子空内冷高效冷却技术

东方电气集团东方电机有限公司 1000MW 白鹤滩水轮发电机参数如表 7.2 所示。

表 7.2　白鹤滩（左岸）1000MW 空冷发电机绕组主要参数

参数名称	值	参数名称	值
额定电压 U_N /kV	24	极数 $2p$	54
定子铁芯外直径/mm	17500	相数 m	3
定子铁芯长度/mm	3550	额定转速/（r/min）	111.1

　　转子是水轮发电机组的转动部件，机组运行时，转子转动产生旋转磁场，切割定子绕组，从而产生感应电动势，输出电能。白鹤滩水电站左岸机组转子外圆直径约16.2 米，最大高度约 4.1 米，起吊重量达 2100 吨，是机组安装过程中重量最大的核

心部件。

白鹤滩发电机采用转子空内冷高效冷却技术,如图 7.5 所示[5],换热区域直接设置在了铜排内部即热源本体,一方面大幅增加了磁极线圈的散热面积,另一方面又大幅缩短了传热路径。

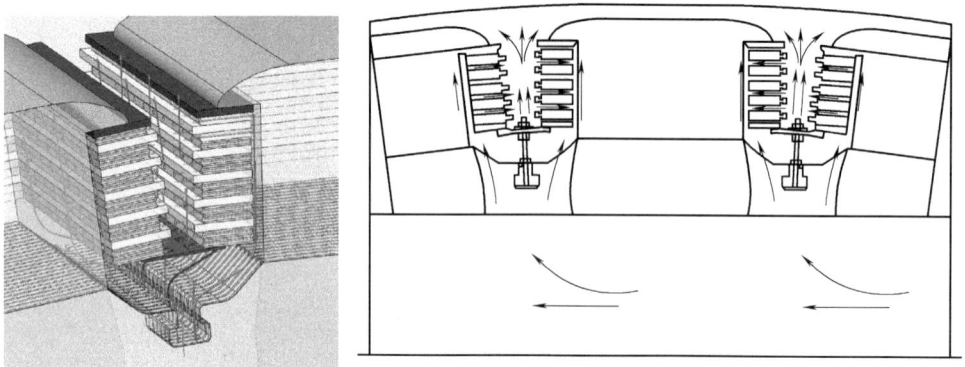

图 7.5 白鹤滩发电机磁极线圈与转子空内冷技术

1 号机组转子由中心体、扇形体支架、大立筋、磁轭及磁极等部分组成,2019 年 9 月 30 日转子中心体进场启动转子组拼作业。经过转子支架组拼焊接、大立筋加工、磁轭叠装、磁轭热加垫、磁极挂装等主要工序的紧张接力,1 号机组转子于 2020 年 7 月 22 日完成磁极挂装,并于 8 月 5 日凌晨通过磁极整体耐压试验,具备吊装条件。首台机组转子的顺利吊装是白鹤滩水电站机组安装的重要里程碑,如图 7.6 所示[6-8],标志着中国水电人成功攀登百万千瓦机组这一世界水电"珠峰"。

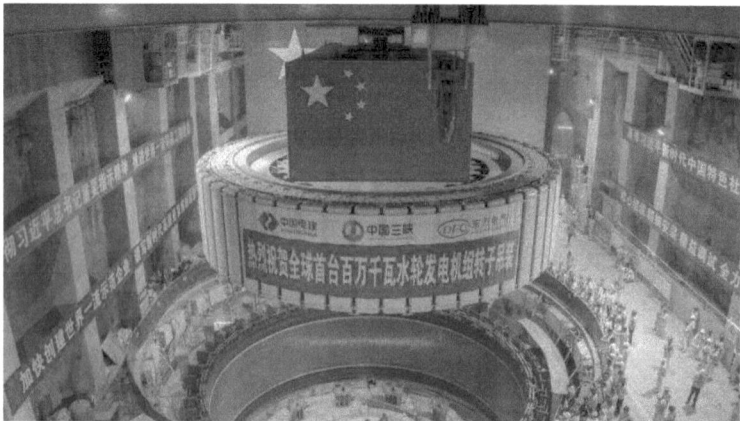

图 7.6 白鹤滩发电机组转子吊装

三　教学反思

在电机学课程教学中介绍白鹤滩发电机。在同步电机结构的教学中，介绍 696 槽 56 极分数槽波的自主创新方法。介绍定子绕组绝缘技术的创新——国内外最先进的漆包单涤纶玻璃丝烧结线。在同步电机的转子中介绍转子空内冷技术的自主创新方法。让学生通过了解最前沿技术，明白自主创新的重要性。

参考文献

[1] 世界首台百万千瓦水电机组定子铁心一次性通过磁化试验 [J]. 电世界，2020，61（06）：56.

[2] 吴佳秀. 大型水轮发电机定子冲片叠检方法研究 [J]. 科学技术创新，2020（11）：188-189.

[3] 蒋宝钢. 优化绕组接线改善巨型水轮发电机绕组端部电晕 [J]. 大电机技术，2014（06）：1-4.

[4] 张秋寒，潘延明，孙永鑫. 白鹤滩水轮发电机绝缘系统研制 [J]. 水电与抽水蓄能，2019，5（01）：20-25.

[5] 郑小康，张天鹏，刘云平，等.1000MW 水轮发电机转子高效冷却技术研究 [J].水电与抽水蓄能，2019，5（01）：14-19.

[6] 搜狐网. 全球最大单机容量 100 万千瓦水轮发电机组第五颗"心脏"就位 [EB/OL].

[7] 东方网. 白鹤滩世界首台单机容量 100 万千瓦水轮发电机组转子成功吊装 [EB/OL].

[8] 中新网. 全球在建最大水电站白鹤滩水轮发电机组转子吊装 [EB/OL].

第二节　工匠精神——灌胶式定子端部绕组的制作

一　知识点与对应的思政元素

2020 年 1 月 3 日上午，由广东珠江投资管理集团投资 90 亿元建设的广东省重点项目，全球首台 1240MW 阳西 5、6 号机组启动试运行。阳西电厂位于阳江市阳西县境内，规划总装机容量 7480MW。5、6 号机组是全球首台 1240MW 高效超超临界火力发电机组，是目前全球单轴全速单机容量最大、煤耗最低的火电机组，整体国产化率达 90%以上。其设计时充分考虑了当前火电机组实际运行中负荷不饱满的特点，在宽幅调节工况下仍具备良好的热循环效率。与 1000MW（蒸汽参数相同）机组相比，1240MW 机组额定工况下热耗降低 1.65%，50%负荷率下热耗降低 1.86%，实现了高效的节能减排，是真正意义上的"绿色先锋""环保卫士"[1]。

二　课程思政教学案例

（1）工匠精神——1000MW 发电机的灌胶式定子端部绕组的制作

上海发电机厂 1000MW 级发电机定子采用氢气冷却，发电机三维模型如图 7.7

图 7.7　1000MW 级汽轮发电机整体图

所示[2]。发电机采用灌胶式结构，如图 7.8 所示。定子绕组端部结构由于需要灌胶，需形成胶体不渗漏的空腔，定子端部采用大锥环结构，定子嵌线后，通过端部鼻端和出槽口位置的挡块，在线圈间隙形成腔体，通过设备将预先混合好的环氧胶黏剂灌注进去并固化，整个端部形成了一个整体。这种结构的发电机端部整体性好，能

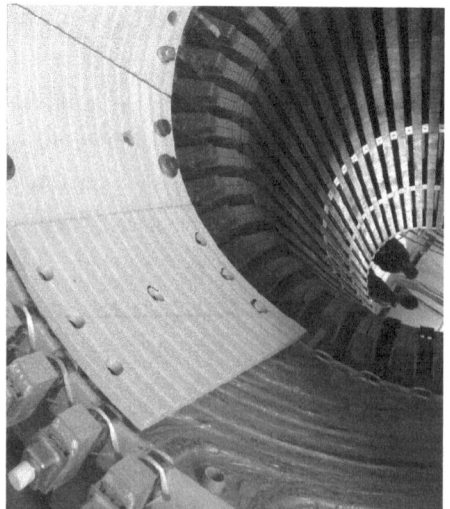

(a) 灌胶前　　　　　　　　　　　　　　　　(b) 灌胶后

图 7.8　定子端部绕组的灌胶式结构

够承受较大的电磁力作用[2]。

灌胶式结构的发电机端部结构，类似于"钢筋""水泥"，定子线棒的作用为"钢筋"，环氧胶黏剂起到"水泥"的作用。为了确保发电机安全运行，需要对环氧胶黏剂的热态和常态下压缩量进行计算、试验确认。另外由于定子线棒受到电磁力的作用，轴向的伸缩需要加以考虑。

（2）工匠精神——1200MW 发电机的灌胶式定子端部绕组的制作

1200MW 级发电机模型如图 7.9（a）[3]、（b）[4]、（c）[4] 所示。运行时对机座有强度和密封性的要求。

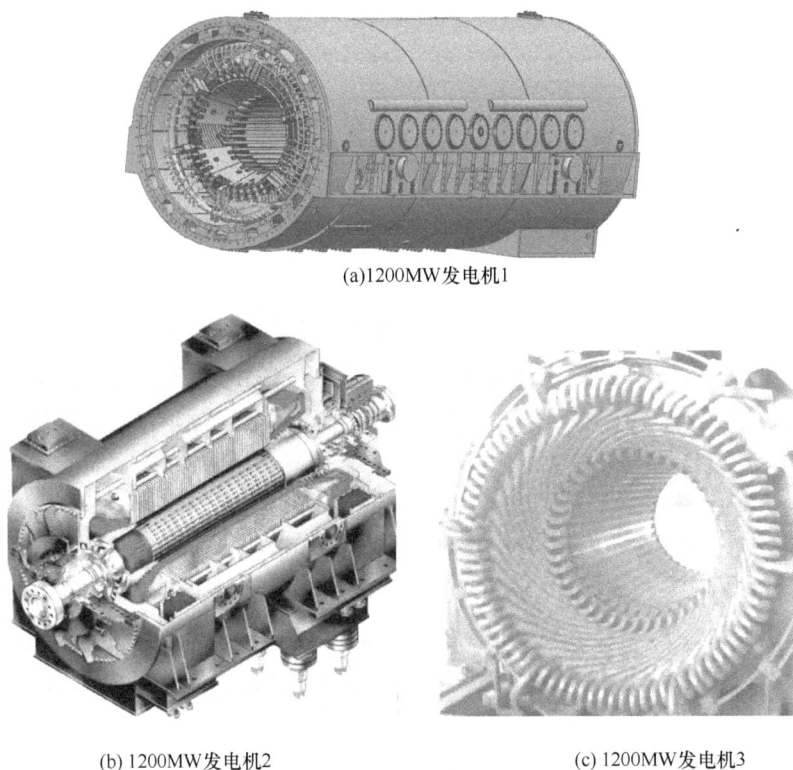

(a)1200MW发电机1

(b) 1200MW发电机2

(c) 1200MW发电机3

图 7.9　1200MW 级汽轮发电机整体图

由上海电气电站设备有限公司发电机厂为阳西电厂开发的 1240MW 火电发电机为目前国内外最大容量的单轴全速（3000r/min）发电机。它采用先进的四排不锈钢通水管和实心导线组合的定子线圈结构、定子铁芯轴向通风冷却方式、内外机座竖式隔振结构、SVPI 绝缘体系及内均压层为全屏蔽的防晕层结构、定子绕组端部整体灌胶技术、轴承端盖及单流环式轴密封等，发电机效率将高于国标，达 99.07%[5]。

在电机开发过程中遇到一些难点和关键技术，如定子绕组线负荷、电流和电动力均大幅增加，端部温升和固定结构可靠性要求，大容量电流互感器研发与装配可靠性验证，定子线棒刚性增加对端部动力特性（模态）的影响，等等。这些难点及关键技术都通过专项设计或实物验证试验等逐一得到解决。

1200MW 汽轮发电机的外部主要包括定子机座、出线盒、夹紧环、氢冷却器和端盖等，内部包括定转子铁芯和线圈、联轴器、轴承等，端部包括齿压板、压圈和磁屏蔽等，主要参数如表 7.3 所示[3]。

表 7.3　1200MW 汽轮发电机主要参数

参数名称	值	参数名称	值
额定电压 U_n/kV	27	极数 $2p$	2
定子槽数	36	相数 m	3
转子槽数	28	每极每相槽数 q	6
空载转子励磁电流/A	1950	额定负载转子励磁电流/A	6474

发电机的定子额定电压为 27kV，在目前世界上投入运行的发电机中定子线圈电压最高，定子线棒采用优良稳定的 VPI 绝缘系统。此发电机主要是在定子线圈采用水内冷的冷却方式，转子线圈的槽部分别为轴向和径向通风，极心有 4 个阻尼槽，转子单侧有多级压气机型高压风扇，内部的铁芯采用轴向通风冷却，端部采用两路通风。发电机的端部铁芯采用阶梯段设计，分别被齿压板和压圈固定，为了防止端部漏磁通进入定子铁芯设计了磁屏蔽，其有多道径向通风道，可以达到良好的通风冷却效果[3]。

一台 1200MW 汽轮发电机模型如图 7.10（a）所示，包括定子铁芯本体、阶梯段铁芯、齿压板、压圈、磁屏蔽、定子线圈、转子线圈、转子轴在内的端部结构件。1200MW 大型汽轮发电机转子槽数为 28 槽，端部的转子包括转子本体、转轴、转

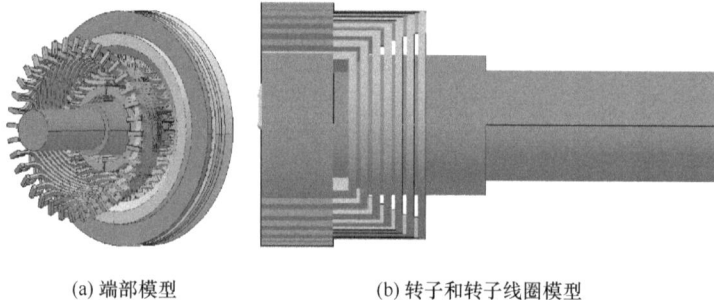

(a) 端部模型　　　　　　　(b) 转子和转子线圈模型

图 7.10　1200MW 汽轮发电机

子线圈、槽绝缘、槽楔、护环、端部通风槽、线圈引线、阻尼绕组、滑环等，如图 7.10（b）所示[3]。1200MW 汽轮发电机为二极三相 42 槽，发电机定子绕组为双层结构，汽轮发电机转子绕组的匝数为 7 匝，发电机转子本体开有 24 个转子槽，转子绕组嵌入其中，上下各开 4 个阻尼槽，嵌入阻尼绕组，如图 7.11 所示[4]。

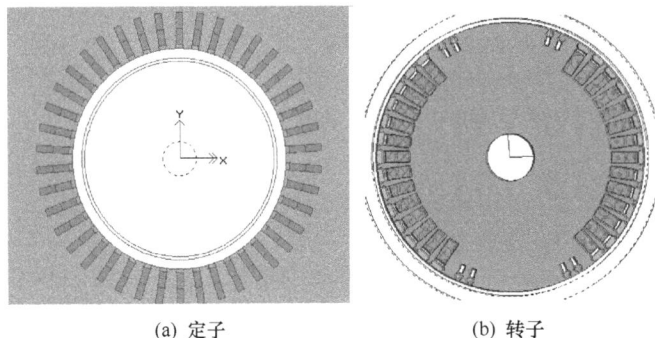

(a) 定子　　　　　　　　　　(b) 转子

图 7.11　1200MW 汽轮发电机的定子和转子

三　教学反思

在电机学课程教学中介绍全球最大单机容量的汽轮发电机。在同步电机结构的教学中，介绍 36 槽 2 极绕组和 42 槽 2 极绕组，讲解 1000MW 和 1200MW 发电机的灌胶式定子端部绕组的制作。让学生了解最前沿的定子端部灌胶技术，领悟工匠精神。

参考文献

[1]　王波. 阳江全球首台 1240MW 发电机组启动试运行 [J]. 能源研究与信息，2020，36（01）：62.

[2]　李磊. 汽轮发电机定子端部模态分析 [D]. 上海：上海交通大学，2017.

[3]　徐子开. 1200MW 汽轮发电机端部磁场计算的有限元研究 [D]. 上海：上海电机学院，2017.

[4]　崔思鹏. 1200MW 级发电机负序运行能力研究 [D]. 上海：上海交通大学，2010.

[5]　刘明慧. 自主研发世界最大容量 1240MW 火电发电机 [J]. 电机技术，2014（03）：31.

第三节　伟大工程——台山核电站

一　知识点与对应的思政元素

台山核电站是我国首座、世界第三座采用 EPR 三代核电技术建设的大型商用核电站，是中法两国迄今为止在核能领域的最大合作项目。东方电机为台山核电站提供首期全部 2 台核能发电机。单机容量高达 1750MW 的台山 1 号核能发电机是东方电机迄今为止制造的技术难度最高、结构最复杂、体积最大、重量最重的核能发电机，也是目前世界最大单机容量发电机。东方电机凭借强大的生产、制造、研发能力，开发设计了转子线圈装配新工艺、定子线棒制造新工艺、护环装配新工艺、油密封系统装配新工艺等一系列创新成果[1]。

二 课程思政教学案例

（1）伟大工程——台山核电站

① 2007 年 7 月台山核电注册成立。

② 2007 年 11 月 26 日，中广核集团公司董事长钱智民在北京人民大会堂与法国阿海珐集团首席执行官罗薇中、法国电力集团董事长嘉德奈分别签署了《关于合作建设广东台山核电项目 1、2 号机组的总体协议》《中广核集团公司和阿海珐关于铀矿的投资协议》和《中广核集团公司与法国电力公司合资经营台山核电合营有限公司合同》。标志着集团开始迈向三代核电建设的新起点。

③ 2009 年 12 月 11 日，商务部正式批准了该合资项目，并颁发了准予设立台山核电合营有限公司的外商投资企业批准证书。

④ 2009 年 12 月 21 日台山核电 1 号机组开工。

⑤ 2010 年 2 号机组开工建设，建设过程中充分吸收了 1 号机组的建设经验及反馈。

⑥ 2016 年 1 月 27 日，台山 1 号机组完成冷试，冷试结果合格。

⑦ 2016 年 6 月 24 日，台山 1 号机组安全壳打压试验完成，结果符合设计准则。

⑧ 2016 年 11 月 5 日，台山 1 号机组进入热试前期阶段。

⑨ 2018 年 6 月 29 日，作为 EPR（第三代原子能反应堆 evolutionary power reactors）全球首堆，台山核电 1 号机组正式并网发电。

⑩ 2018 年 12 月 13 日 17 点，台山核电 1 号机组完成 168 小时示范运行，具备商业运行条件，成为全球首台具备商运条件的 EPR 三代核电机组。

⑪ 2019 年 4 月 12 日开始装料，6 月 23 日成功并网发电。

⑫ 2019 年 9 月 7 日，台山核电站引进 EPR 技术建设，台山核电 2 号机组已顺利完成 168 小时示范运行，具备商业运行条件。这标志着继台山核电 1 号机组后，全球第二台 EPR 机组投入商运。

（2）伟大工程——台山核电站的核能发电机

目前世界最大单机容量核能发电机——台山 1 号 1750MW 发电机完成制造，

2013 年 8 月 24 日，重达 500 多吨的台山核能发电机缓缓驶出公司大门，顺利发运台山核电站，如图 7.12 所示[1]。

图 7.12　1750MW 核能发电机

台山核电站是我国首座单机容量达 1750MW 的 3 代核电技术大型商用核电站，东方电机为台山核电站提供首期 2 台 1750MW 核能发电机。该机组是半转速三相同步发电机，其转子直径 2040mm，接近常规 1000MW 火电的 2 倍，定子与转子总重达 800 多吨，主要参数如表 7.4 所示，核能发电机内部定子与转子结构如图 7.13 所示[2-4]。

表7.4　1750MW 核能发电机主要参数

参数名称	值	参数名称	值
额定电压 U_N/kV	27	极数 $2p$	4
定子槽数	96	相数 m	3
并联支路数	4	定子绕组系数	0.92
定子铁芯长度/mm	8325	每极每相槽数 q	8
定子铁芯内直径/mm	3579	定子铁芯外直径/mm	2270
齿高 h_t/mm	219	功率因数	0.9
效率	98.9%	短路比	0.47
视在功率/MVA	1955.6	额定电流/A	42767

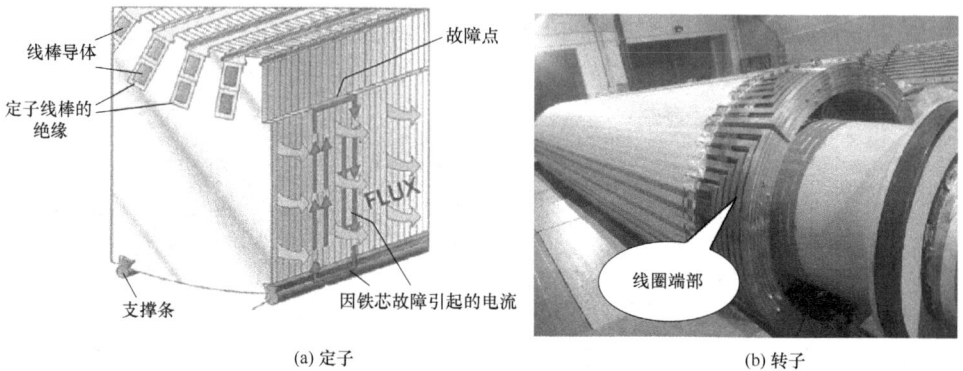

图 7.13　核能发电机的定子和转子

（3）定子铁芯的装压

和以往 1150MW 核电一样，定子铁芯冲片涂漆采用的是水溶性漆，它比合成树脂漆易脱落，并且要求冲片与定位筋鸽尾很好地接触，所以叠片时需格外小心，不能使铁芯其它部位搭接造成铁芯短路。所不同的是，1750MW 核电比 1150MW 核电更大更长，更难保证铁芯叠装质量。

为保证铁芯的叠片质量，铁芯的通槽棒、槽样棒、整形棒均采用硬绝缘板，固化槽样棒采用硬绝缘板对头斜楔结构，易拆装，不易损伤铁芯。在叠片过程中的整形采用无后坐力尼龙锤，并且要求勤整形（一段铁芯整形 4 次，即叠约 20mm 长就需整形）。为了满足铁芯齿部、轭部同时都能压紧的要求，且达到设计要求的截面形状，采取了多次压铅丝逐步修正的方法，在整个装压过程中进行了 10 次预压工序，8 次压铅丝。压铅丝均在一个截面每张冲片放置铅丝，根据每次压铅丝厚薄的结果及预压后铁芯磁轭、槽底及齿尖的长度等综合因素来选取相应的调节垫片，以保证铁芯齿、轭部的紧量符合要求[4]。

（4）定子铁芯与定位筋之间的欧姆接触电阻的测量

为了检查定子冲片是否能很好地接触定位筋，在每次预压时，在压力状态下，在第 10~90 段每 10 段上测量定子铁芯与定位筋之间的欧姆接触电阻[4]。测量方法：在压紧位置以下的第 2 或第 3 段处测量，在该段铁芯厚度方向的 1/4、1/2、3/4 处，圆周方向对称测 4 点，一段铁芯上共测 12 点。用微欧表测量。微欧表的探头，一支接定位筋，另一支接刺破漆膜后的铁芯外圆[4]。

（5）铁芯热压

东方电机常规机组定子铁芯热压是在铁芯叠完片后进行，热压方法是：先将定子铁芯压紧，再对定子铁芯加热保温，待铁芯冷却后装油压机对铁芯压紧。

1750MW 核电定子铁芯加热工艺和常规机组定子铁芯热压完全不同，需二次热压，第一次热压时铁芯叠至 90 段（即：在装接地筋之前，铁芯共 102 段），铁芯全部叠完后再热压一次。与 1150MW 核电不同的是：由于铁芯外径更大，为改善压圈受力状况、保证压紧质量，在最后一次热压时，在上压胎和压圈之间增加了等高垫块。

定子铁芯采用立式加热工艺，上面均布 6 个 200 吨油压千斤顶。下面用 3 台热风机（120kW 加热风机 1 台、150kW 加热风机 2 台）联合加热，热风从铁芯底部中心吹入，从机座把通风罩口及机座肚皮底部人孔处吹出，构成循环密闭风路。这种风路的优点是定子铁芯的齿部和轭部加热均匀。定子铁芯加热参数为：冷态下压紧总力 7.93×10^6N，压 10min 后卸压到 0，如此循环 5 次，再在压紧状态下对铁芯加热（125~135℃），保温 48h 后，在压紧状态下铁芯冷却到室温。

为了满足定子铁芯加热参数，一方面，对加热风机进行了热容量计算，所选定的加热风机完全能保证定子铁芯温度升到预定值；另一方面，为使机座上面的油压千斤顶正常工作，机座内的热量不能传到千斤顶，故对机座的保温、隔热很重要。为此采用 3 层结构的隔热保温层：里、外层阻燃材料，中间为保温材料，并把要往机座外传热的部件均用隔热材料隔热，即上压胎、中心拉杆、上压帽均使用了隔热材料包裹，并在油缸与上压胎增垫了 100mm 过渡块作为散热部件。为了避免在极端情况下发生油缸漏油污染铁芯，在油缸下设置了大容量的接油盒。1750MW 核能发电机定子铁芯装压的尺寸检查及铁损试验的全部数据结果表明，机组的主要指标及参数均满足东方电机公司和用户的要求，达到了理想的效果。证明该公司完全有能力制造世界一流核能发电机定子铁芯，也有能力制造出目前世界最大容量的核能发电机定子铁芯[4]。

（6）1750MW 核能发电机转子结构工艺

转子引出线的密封不是在常规的导电螺钉处，而是在导电杆与转轴励端中心孔的配合挡处密封。细长型导电杆加工、装配存在相当大的难度。

转子线圈下线连接时，钎焊接头结构复杂多样，线圈汽、励端端部分别为嵌接、搭接结构，极间连接线为组合结构，必须采用特殊结构感应圈的中频感应加热及冷却方式，以确保电连接的钎焊质量。转子线圈下线后不进行冷、热压形，必须采用工具支持环及专用检测工具，确保线圈直线、端部尺寸及形状。护环为本体侧带齿结构，护环热套到位后还需旋转 1/2 齿距才能最终到达装配位置[5]。

（三） 教学反思

在电机学课程教学中介绍伟大工程——台山核电站，介绍全球单机容量最大的核能发电机。在"同步电机结构"的教学中，在同步电机的定子绕组中介绍 96 槽 4 极绕组及其加工工艺。介绍转子绕组工艺。让学生了解最前沿的定子和转子加工工艺技术，了解伟大工程背后的强大的技术支撑。

参考文献

[1] 台山核电站 1750MW 发电机成功制造. 东方电机, 2013 (06): 8.
[2] 郭延. 1750MW 核能发电机制造工艺 [J]. 东方电气评论, 2016, 30 (01): 44-47.
[3] 林教, 张峰, 孙延旭. 1750MW 发电机定子铁心试验方案研究与应用分析 [J]. 大电机技术, 2017 (02): 65-70.
[4] 汪疏豪. 1750MW 核能发电机定子铁心装压技术 [J]. 东方电气评论, 2012, 26 (01): 30-33.
[5] 杨云金, 莫红斌, 罗橙, 等. 1750MW 核能发电机转子装配工艺 [J]. 东方电气评论, 2016, 30 (01): 36-39.

第四节 卓越人物——高景德院士

一 知识点与对应的思政元素

高景德（1922—1996），中共党员，民盟盟员，中国科学院院士（学部委员），我国著名的电力工程专家、杰出的教育家。高景德长期从事电机和电力系统分析和控制的研究，发展和深化了电机理论和方法。高景德一生真诚坦荡，宽厚待人，将自己毕生心血都贡献给了教育和科研事业，为科技人才培养和祖国科技事业进步做出了重要贡献[1]。学生们通过学习高景德院士在感应电机理论研究方面的事迹，培养刻苦钻研、锲而不舍、严谨治学、望远思深、孜孜求实的学术精神。

二 课程思政教学案例

（1）我国第一个在苏联获得博士学位的学者

高景德的导师苏联科学院院士柯斯秦科教授，对高景德这位中国研究生的钻研精神和科研工作能力十分欣赏。尤其是他在学位课考试前写的学术报告所反映的学术水平，使苏联科学院院士聂孟教授和柯斯秦科教授作出了一个决定。他们慎重地征求高景德的意见是否愿意多花些时间直接攻读博士学位。这使中国留学生们感到很振奋，因为谁都知道，苏联的博士学位和副博士学位之间的台阶是很高的。高景德义无反顾地接受了这一挑战。在攻读博士学位期间，他的刻苦钻研、锲而不舍的精神和严谨的治学态度使周围的人也很受感动。艰苦的奋斗再次换来了成功的喜悦。他只用了比一般获得副博士学位的研究生多不到一年的时间就以"应用于远距离输电系统中的凸极同步电机的研究"的论文，顺利通过了技术科学博士学位答辩，成为我国第一个在苏联获得博士学位的学者。高景德20世纪50年代在苏联留学，如图 7.14 所示[2]。1956 年，高景德从苏联回到了祖国[3]。

图 7.14　20 世纪 50 年代在苏联留学时的高景德

（2）严谨治学、望远思深、孜孜求实

高景德是一位创造性劳动的大师，不断开拓，不断进取，从不停息。20 世纪 50 年代，高景德深入研究了电机过渡过程的分析理论，并创立了新的复数分量理论体系[4]。他在国外发表的数篇论文以及 1957 年在国内出版的专著《同步电机理论及其运行方式的分析（复数分量法）》对有关研究成果进行了系统的论述，被国际公认为是对电机理论的重大贡献。其后，随着研究工作的深入发展，这种理论和方法在我国和其他国家得到了广泛的应用。1963 年，高景德的又一部著作《交流电机过渡历程及运行方式的分析》问世，该书进一步将电机动态理论各个分支加以系统的总结[5]。

高景德作为第一作者于 1982 年、1983 年又完成出版了一部近百万字的巨著《电机过渡过程的基本理论及分析方法》（上、下册）。该书 1981 年获全国优秀科技图书一等奖，1988 年获全国高等学校优秀教材奖[5]。

高景德领导的研究集体将现代控制理论与电力系统过渡过程理论相结合，开拓了电力系统稳定性和动态品质最优控制的学术领域和应用的新方向，并与有关制造厂及电厂合作，研制出了大型发电机线性最优励磁控制器。从 1986 年起，相继在碧水电厂 10 万千瓦、刘家峡水电厂 23 万千瓦及白山水电厂 30 万千瓦等大型发电机组上成功地投入运行，这在国际上是一项创举，在我国也产生了很好的经济效益和社会效益[5]。

（3）教育家

高景德教授历经数十个春秋，不畏艰辛、治学严谨、身体力行，带出了一大批高水平的研究生。高景德在实验室指导博士生实习如图 7.15 所示[2]。我国自主培养的第一位工学女博士是倪以信，1988 年，高景德与他的学生倪以信合影如图 7.16 所示[5]。

图 7.15　在实验室指导博士生实习

图 7.16　高景德与其学生倪以信

卢强是高景德 20 世纪 60 年代初培养的研究生。入学时，高教授语重心长地说："你们是新中国完全由自己培养的第一代研究生。你们要以自己的德、智、体方面的进步，用优异成绩、极高的研究水平，证明我国有能力靠自己培养高质量的研究生。同时，我们还要从实践中认真总结经验，逐步使我国研究生培养体系完善起来。"卢强亦因取得突出科研成果，于 1991 年当选为中国科学院院士[2]。

高景德为他所从事的学术事业，为他所承担的社会职务，尽心尽意奉献着自己的心血和生命。高景德同志作为学者和教育家，望远思深，孜孜求实，外朴内秀，真情无虚，治学治校，成绩卓著[3]。

（4）治学治校、成绩卓著

高景德在 1983 年到 1988 年间担任清华大学校长一职，与清华大学结下了不解之缘。在几十年的教学生涯中，他一直参与科研和研究生培养等方面的工作，与清华大学的其他老师一起，致力于把清华大学建设成世界一流水平的大学。在这期间，他提出了"着重提高在提高中发展"的办学指导思想，力主扩大研究生招生规模，实现"国内全面培养高层次人才"的设想[6]。

三　教学反思

在电机学课程教学中介绍高景德的部分参考文献。在"同步电机基本方程"的教学中，在 1、2、0 坐标系中完整地建立了同步电机基本方程，用复数分量理论体系分析了交流电机的动态特性，参考《同步电机理论及其运行方式的分析（复数分量法）》（电力工业出版社，1957 年）、《交流电机及其系统的分析》（清华大学出版社，1993 年）。在"同步电机暂态分析"的教学中，参考《电机过渡过程的基本理论及分析方法》（上、下册）（科学出版社，1982/1983 年）。通过讲授顶尖科研人员的科研和治学品质，培养学生对学术的认真、严谨和诚挚之念。

参考文献

［1］"要从学校长期发展这一出发点来看问题"——高景德［J］. 群言，2020（06）：2.

［2］丁青青，敏捷，郭海军，等. 铸造栋梁——访著名教育学家高景德教授［J］. 科技与经济画报，1998（03）：79.

［3］李传信. 奉献教育科技 40 年——忆清华大学前校长高景德［J］. 中国高等教育，1998（06）：3-5.

［4］卢强. 缅怀我的导师高景德先生［J］. 群言，1997（05）：26-28.

［5］丁青青. 高景德教授写真［J］. 国际人才交流，1996（03）：55-58.

［6］邢秀芳. 高景德："在提高中发展"的教育理念［J］. 教育与职业，2012（01）：106-107.

08
第八章

电力电子技术
课程思政教学案例

📚 课程概况

课程名称： 电力电子技术。

学分学时： 3学分，48学时。

教学对象： 电气工程及其自动化专业本科三年级学生。

课程类别： 大类基础理论课程（　　）

　　　　　　学科基础理论课程（　　）

　　　　　　专业基础理论课程（　　）

　　　　　　专业核心课程　　（ ✓ ）

课程简介： 本课程是一门利用大功率半导体器件对电能进行变换与控制的专业核心课程。通过本课程的学习，学生要掌握扎实的专业知识，获得电能高效率变换与控制方面的知识，提高分析问题、解决问题的能力，掌握研究复杂工程问题的科学原理和科学方法。同时，通过引入"工匠精神""工程良知"等思政元素，实现专业核心知识教育与德育教育的有机融合。具体课程内容包括：①熟悉和掌握电力二极管、晶闸管、可关断晶闸管、大功率晶体管、电力场效应管和绝缘栅双极型晶体管等各种电力电子器件的特性和基本应用；②正确选用电力电子元件与触发电路；③掌握整流电路、直流斩波电路、交交变频电路以及逆变电路等各种典型电力电子电路的拓扑结构、工作原理、控制方法、计算及设计方法；④熟悉各种电力电子装置的应用范围。

课程思政设计： 介绍我国电力电子器件、电力电子装备发展现状，传递求真务实、探索创新的科学精神，严谨认真、精益求精的工匠精神及科技强国、社会责任、爱国情怀等社会主义核心价值观，实现知识传授与德育教育的有机融合。

授课教师团队： 李孜、袁庆庆、罗鞾。

DIYIJIE
第一节 伟大工程——特高压直流输电

一 知识点与对应的思政元素

电力电子技术的核心是四种变流技术，即 AC-DC 的整流、DC-DC 的斩波、AC-AC 的交交变频及 DC-AC 的逆变。在进行电力电子技术应用介绍或相关知识点教授时，学生不仅需要知晓电力电子技术的核心组成，更需结合我国国情，深刻理解电力电子技术在国民经济发展中的应用，从而激发学生学习的积极主动性。通过了解"特高压直流输电"的工程应用背景、社会效益，学生可以综合了解我国电力资源分布、应用情况，掌握电力电子技术在此工程中的应用情况。

二 课程思政教学案例

（1）特高压直流输电技术发展简介

特高压直流输电技术起源于 20 世纪 60 年代，适合大容量长距离集中输电，能适应我国能源和消耗呈逆向分布特点的电力传输方式，具有输送距离长、容量大、控制灵活、调度方便、损耗低以及输电走廊占用小等一系列优点。特高压直流输电在跨越江河、海峡和进行大容量远距离的电缆输电、联系两个不同频率的交流电网、同频率两个相邻交流电网的非同期并联等方面发挥着重要的作用。随着电力电子技术的发展，高压直流输电获得了迅速的发展，大大减少了输电线路中的能量损耗。

直流特高压输电系统由送端交流系统、换流站、直流输电线路、逆变站、受端交流系统五个部分构成，其中最重要的是换流站，而换流站的心脏换流变又是整个直流输电系统的重中之重。如图 8.1 所示为典型的高压直流输电系统，两组变流器的交流侧分别与两个交流系统 $u1$、$u2$ 连接，变流器的直流侧相互关联，中间的直流环节虽未接有负载，但可以起到传递功率的作用。通过分别控制两个变流器的工作状态，就可控制功率的流向。在送电端，变流器工作于整流状态；在受电端，变流器工作于逆变状态。

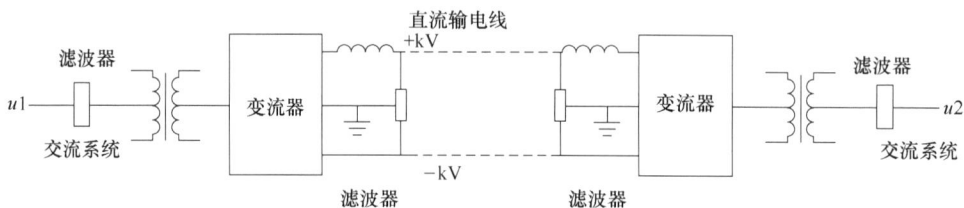

图 8.1 高压直流输电系统的基本组成[1]

发展高压直流输电，是缓解我国电力供应紧张状况的有效途径，也是改善电网结构，促进全国联网的需求，对于提高现有传输系统的传输能力、挖掘现有设备潜力，具有十分重要的现实意义。具体体现在：

第一，我国的经济发展与资源是呈逆向分布的，在进行西部地区电力资源输送至华东、华南地区时，传统的高压输电线路发电模式存在损耗大、长距离输电不足等问题，导致西部地区的电力资源优势没有全部发挥出来。特高压直流输电线路的建立完善，一方面能大力开发西部地区的电力资源，让电力生产成为西部地区的产业支柱，加快边远地区的经济发展；另一方面，国家通过电力上的指导政策，缩短东、西部地区在经济发展上存在的差距，提高我国电力行业的发展水平。

第二，特高压直流输电技术进一步提高了电力传输的效率。据统计，每条特高压直流输电线路能代替多条低压线路，降低线路损耗的同时减少了线路对铁塔的需求；采用特高压直流输电方式可以节省约20%的费用支出，在同等输送能力的情况下，所需的走廊面积是低压线路的四分之一。

第三，我国目前正处于工业化和城镇化发展的重要阶段，能源需求逐渐递增。电网作为电力输送和消纳的载体，已成为能源供应中不可或缺的重要部分。特高压直流输电满足了低压交流、直流主网架不能满足的远距离、大容量输电所带来的电网安全性和经济性需求，保证了电力和经济社会的共同发展[2]。

我国目前的主要特高压直流输电线路分为三横三纵线路。

（2）特高压直流输电的特点及关键技术

特高压直流输电的技术特点可总结如下[3, 4]：

① 输送能力更大、送电距离更远，且输电线路的走廊宽度需求更小。

② 直流输电的功率大小和方向可以实现快速控制和调节。

③ 直流输电工程运行中，单极发生故障时，另一极还能继续运行，具有较高的可靠性。

④ 直流系统具有调制功能，可根据系统需要快速响应，从而提高电力系统暂态稳定水平。

⑤ 采用直流输电可使大电网之间互联，各电网间不会产生干扰和影响，并可互相进行快速功率交换。

特高压直流输电中的关键技术包括：

① 结合设备的运输性能、系统灵活性及可靠性等问题，设计合理的换流站主回路，以实现电量之间的高效转换。

② 换流阀是换流站的关键设备，特高压直流输电中需要大功率的电力电子器件作为换流器件，即特高压大功率电力电子器件的自主研发。

③ 绝缘装置和引出线装置的研制，以确保电气设备与输电线路绝缘，确保装置可靠运行。

④ 特高压直流输电的周围电磁辐射非常严重，会对一些无线设备产生干扰，需要对此进行研究。

⑤ 直流输电的控制策略研究，以使直流输电系统按照某种功率指令运行[5]。

三　教学反思

特高压直流输电为我国能源和消耗逆向分布的实际情况提供了电力传输切实可行的解决办法。目前我国在特高压技术研究、装备制造和工程应用方面积累了不少经验，推动了国际特高压直流输电水平达到了新高度。在教学过程中，一方面要让学生理解建设特高压直流输电工程的必要性，即只有加快建设电压等级更高、网架结构更强、资源配置规模更大的电网才能满足电力传输和供应；另一方面，要启发学生思考特高压直流输电中的技术难点，激发学生学习能动性。

参考文献

[1] 周国梁，石新春，魏晓光，等. 电压源换流器高压直流输电不平衡控制策略研究 [J]. 中国电机工程学报，2008（22）：137-143.

[2] 胡兆庆，毛承雄，陆继明. 适用于电压源型高压直流输电的控制策略 [J]. 电力系统自动化，2005（01）：39-44.

[3] 李国杰，阮思烨. 应用于并网风电场的有源型电压源直流输电系统控制策略 [J]. 电网技术，2009（01）：52-55.

[4] 汤广福，罗湘，魏晓光. 多端直流输电与直流电网技术 [J]. 中国电机工程学报，2013，33（10）：8-17.

[5] 汤广福，贺之渊，庞辉. 柔性直流输电工程技术研究、应用及发展 [J]. 电力系统自动化，2013（15）：3-14.

第二节 自主创新——电力电子器件的自主研发

一 知识点及思政元素

电力电子器件是电力电子技术发展的基础，绝缘栅双极型晶体管（IGBT）是目前应用最为广泛的电力电子器件之一。在学习电力电子器件工作原理、基本特性及其参数等相关知识点时，学生不仅需要掌握器件的工作原理及应用情况，更需了解电力电子器件自主研发的必要性及国产化电力电子器件发展的现状，提升学以致用、学以报国的爱国情怀。

二 课程思政教学案例

（1）IGBT 器件的工作原理及应用现状

绝缘栅型双极型晶体管（Insulated Gate Bipolar Transistor，IGBT），是目前应用最广泛的功率半导体器件，是众多国家重点发展的新兴技术领域的关键性基础元器件。IGBT 主要作用是进行交流电和直流电的转换、电压高低的转换，具有驱动功率小与饱和压降低的优点[1]，被称作电力领域的"CPU"。截至目前，国内的 IGBT 市场基本被欧美、日本企业垄断，90%以上依赖进口。研制出国际一流水平的国产 IGBT 一直都是国产技术研发和创新的主要目标之一[2]。

IGBT 是三端器件，3 个极分别是栅极 G、集电极 C 和发射极 E，图 8.2（a）所示的是一种 N 沟道 IGBT 的基本结构。图 8.2（b）所示的是 IGBT 简化等效电路，是用双极型晶体管与 MOSFET 组成的达林顿结构，相当于一个由 MOSFET 驱动的厚基区 PNP 晶体管，图中 R_N 为晶体管基区内的调制电阻。因此，IGBT 的驱动原理与电力 MOSFET 基本相同，是一种场控器件。IGBT 的开通和关断是由栅极和发射极间的电压 u_{GE} 决定的，当 u_{GE} 为正且大于开启电压 $u_{GE(th)}$ 时，MOSFET 内形成沟道，并为晶体管提供基极电流而使 IGBT 导通并具有很小的通态压降。当栅极与发射极间施加反向电压或不加信号时，MOSFET 内的沟道消失，PNP 型晶体管的基极电流被切断，使得 IGBT 关断。IGBT 的图形符号如图 8.2（c）所示[3]。

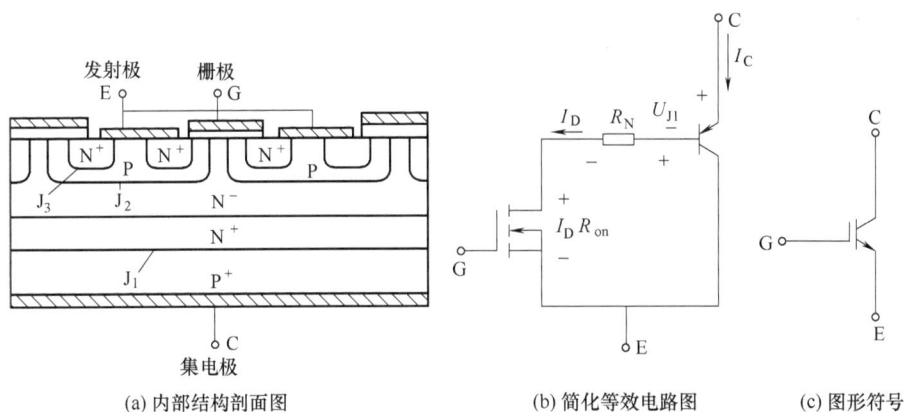

图 8.2　IGBT 的基本结构、等效电路以及图形符号

在实际应用中，IGBT 一般根据电压划分为低压、中压和高压三个级别。低压（600V 及以下）主要应用在消费电子领域，中压（600~1200V）主要应用在电动汽车、白色家电、工业控制等领域，而高压（1700~6500V）主要应用在轨道交通、智能电网、风力发电等领域[4]。在成本结构方面，以纯电动新能源汽车为例，动力电池以 42% 的占比位居第一；其次是电控系统，占比 11%，其中 IGBT 成本占比达 41%，是电控系统中最重要的构成器件。近些年，IGBT 全球市场规模稳定增长，中国 IGBT 市场规模也在快速扩展，例如扬杰科技成功开发 50A/75A/100A-1200V 半桥规格的 IGBT；华微电子成功研发第六代 IGBT 产品，650~1200V 的 IGBT 芯片电流可达 200A。

以新能源电动汽车为例，其电机驱动系统是系统关键部件之一。整车控制器根据驾驶员意图发出各种指令，电机控制器响应并反馈，实时调整驱动电机输出，以实现整车的怠速、前行、倒车、停车、能量回收以及驻坡等功能。电机控制器另一个重要功能是通信和保护，实时进行状态和故障检测，保护驱动电机系统和整车安全可靠运行。电机控制器由逆变器和控制器两部分组成[5]。驱动电机控制器采用三相两电平电压型逆变器。逆变器负责将动力电池输送的直流电电能逆变成三相交流电，给汽车驱动电机提供电源；控制器接收驱动电机和其它部件的信号并反馈到仪表，当发生制动或者加速行为时，它能控制变频器频率的升降，从而达到加速或减速的目的。驱动电机系统的控制中心，又称智能功率模块，以 IGBT 为核心，辅以驱动集成电路、主控集成电路，对所有的输入信号进行处理。

（2）国产化 IGBT 器件研究现状[2]

近年来，我国 IGBT 技术取得了一定突破。IGBT 芯片技术方面，中国中车集团有限公司在株洲投资建设了全球第二条、国内首条 8 英寸 IGBT 芯片生产线，具备年产 12 万片芯片，配套形成年产 100 万只 IGBT 模块的自动化封装测试能力，实现了芯片与模块电压范围从 650V 到 6500V 的全覆盖。但在 IGBT 模块技术方面，封装 IGBT 模块所用芯片大多由英飞凌、ABB 等国外公司提供，只有极少量的芯片由国内生产，国产 IGBT 芯片年产值不到 1 亿元。

在新能源汽车领域，IGBT 模块作为新能源汽车动力、电源系统中的核心器件，需求量巨大。目前，比亚迪已经拥有国内首个汽车 IGBT 模块全产业链条，包括 IGBT 芯片设计、晶圆制造、模块封装等部分，还有仿真测试以及整车测试。2018 年 10 月，中国中车在世界智能网联汽车大会上，首次展示了中车自主研发的汽车级 IGBT 芯片，这也是中车"芯"在新能源汽车产品上的首次应用。另外，还有嘉兴斯达半导体、宏微科技等公司主要提供封装的 IGBT 模块。

在轨道交通领域，中国中车已经实现了相关技术的突破和全面的国产化。2015 年，国内首个具有完全自主知识产权的 6500V 高铁机车用 IGBT 芯片通过高铁系统上车试验，实现产品化应用。2016 年底，中车株洲所研发的 8 英寸 IGBT 高铁控制系统成功中标印度机车市场，这是我国高铁装备核心器件首次获得海外批量订单。中国中车也因此成为国内唯一一家全面掌握 IGBT 芯片技术研发、模块封装测试和系统应用的企业。

但在舰船电力系统领域，各型号舰船在推进、发供电及区域配电领域都需要用到 IGBT 模块，为了确保设备的安全性和稳定性，目前主要采用国外英飞凌、ABB 等公司生产的 IGBT 模块，还没有国产 IGBT 模块应用报道。

根据国内目前 IGBT 产业的现状，我国已经建立了 8 英寸、16 英寸等各型号器件的生产线，但在高耐压、大电流、高速度、低压降、高可靠性方面的国产化研制工作还有待开展，具体体现在：

① 要突破 IGBT 器件的散热工艺，解决器件失效问题；要突破器件背板工艺，在器件背面注入离子时利用一层薄磷做缓冲层。

② 要针对工艺开发关键生产设备，例如光刻机、键合设备等，这样才能实现核心器件的自主可控。

③ 要加强下一代碳化硅、氮化镓等新型半导体器件的研究。

三 教学反思

电力电子器件是电力电子技术课程的基础，在开展课程思政教学时要注意：①由 IGBT 在电力电子领域发展的重要性，激发学生的学习兴趣，进而关注行业发展的进程与障碍，引导学生明确学习目标，树立远大理想，成为新时代国家电力建设的主力军。②要细化授课之中的道德修养的传道任务，结合国家国民经济的目标规划，引导学生关注自主研发、制造强国等国之大计。

参考文献

[1] 熊妍，沈燕群，江剑，等. IGBT 损耗计算和损耗模型研究 [J]. 电源技术应用，2006（05）：55-60.
[2] 张朋，温旭辉，刘钧. IGBT 模型研究现状 [C] // 中国电工技术学会电力电子学会学术年会. 中国电工技术学会，2010.
[3] 赵雨山. 电动汽车用 IGBT 模块功率循环测试研究 [D]. 北京：华北电力大学，2019.
[4] 任斌，邓二平，黄永章. 高压大功率 IGBT 器件可靠性研究综述 [J]. 智能电网，2019，9（5）：9-17.
[5] 王彬，曹琳. 轨道交通用 IGBT 器件寿命预测技术综述 [J]. 机车电传动，2020，272（01）：23-26.

第三节　可持续发展——谐波治理

一 知识点及思政元素

电力电子技术装置会产生大量谐波，导致公共电网电力品质下降的同时，还会危及电力设备的安全运行。在学习不同电力电子电路谐波特征[1]、谐波抑制措施[2]等知识点时，学生不仅需要知晓电力电子技术所造成的谐波问题，还要结合实际谐波治理工程深刻理解谐波治理对于国家可持续发展战略的重要性。

二 课程思政教学案例

（1）谐波定义及分布

满足狄利赫里条件的非正弦电压（电流），在傅里叶级数展开中频率与工频相同的分量称为基波，频率为基波频率整数倍（大于 1）的分量称为谐波。谐波次数为谐波频率和基波频率的整数比。n 次谐波电流含有率用 HRI_n（Harmonic Ratio for I_n）表示[3]：

$$HRI_n = \frac{I_n}{I_1} \times 100\% \qquad (8.1)$$

式中，I_n 为第 n 次谐波电流有效值；I_1 为基波电流有效值。

电流谐波总畸变率 THD_i（Total Harmonic Distortion）定义为：

$$THD_i = \frac{I_h}{I_1} \times 100\% \qquad (8.2)$$

式中，I_h 为总谐波电流有效值。

许多电力电子装置都会产生谐波，对公共电网产生危害。这些危害大致包括：

① 谐波使电网中的元件产生附加的谐波损耗，降低发电、输电及用电设备的效率，大量的 3 次谐波流过中性线会使线路过热甚至发生火灾[4]。

② 谐波影响各种电气设备的正常工作，使电机发生机械振动、噪声和过热，使变压器局部严重过热，使电容器、电缆等设备过热，使绝缘老化、寿命缩短以致损坏。谐波会引起电网中局部的并联谐振和串联谐振，从而使谐波放大，会使上述两项的危害大大增加，甚至引起严重事故。

③ 谐波会导致继电保护和自动装置的误动作并使电气测量仪表计量不准确。

④ 谐波会对邻近的通信系统产生干扰，轻者产生噪声，降低通信质量，重者导致信息丢失，使通信系统无法正常工作。

以整流电路为例，单相桥式全控整流电路中，当直流电感 L 较大时，变压器二次电流波形近似为理想方波，将电流 i_2 的波形分解为傅里叶级数可得：

$$\begin{aligned} i_2 &= \frac{4}{\pi} I_d \left(\sin \omega t + \frac{1}{3} \sin 3\omega t + \frac{1}{5} \sin 5\omega t + \Lambda \right) \\ &= \frac{4}{\pi} I_d \sum_{n=1,3,5,\Lambda} \frac{1}{n} \sin n\omega t = \sum_{n=1,3,5,\Lambda} \sqrt{2} I_n \sin n\omega t \end{aligned} \qquad (8.3)$$

其中基波和各次谐波有效值为：

$$I_n = \frac{2\sqrt{2}}{n\pi} I_d \quad n = 1, 3, 5 \cdots \qquad (8.4)$$

可见，交流侧电流中含有奇次谐波，各次谐波有效值与谐波次数成反比，且与基波有效值的比值为谐波次数的倒数。

三相桥式全控整流电路带强感性负载时，以 $\alpha=30°$ 为例，交流侧电压 u_a 和电流 i_a 波形为正负半周各 120° 的方波，如图 8.3 所示。

三相变压器二次侧电流波形相同，且依次相差 120°。将变压器电流波形分解为傅里叶级数。以 A 相电流为例，将电流负、正两半波的中点作为时间零点，则由此可见，变压器二次侧流过的电流中仅含 $6k\pm1$（k 为正整数）次谐波，各次谐波有效值与谐波次数成反比，且与基波有效值的比值为谐波次数的倒数。

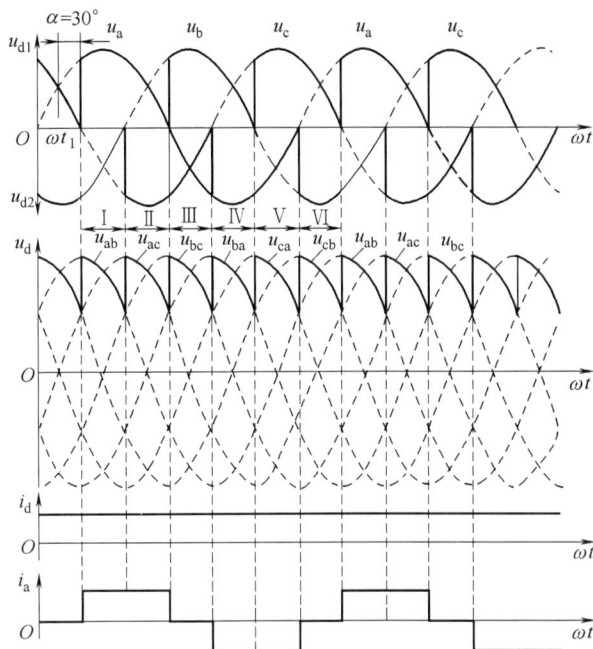

图 8.3　三相桥式整流波形

$$i_a = \frac{2\sqrt{3}}{\pi}I_d\left[\sin\omega t - \frac{1}{5}\sin 5\omega t - \frac{1}{7}\sin 7\omega t + \frac{1}{11}\sin 11\omega t + \frac{1}{13}\sin 13\omega t - \cdots\right]$$

$$= \frac{2\sqrt{3}}{\pi}I_d\sin\omega t + \frac{2\sqrt{3}}{\pi}I_d\sum_{\substack{n=6k\pm1\\k=1,2,3,\cdots}}(-1)^k\frac{1}{n}\sin n\omega t \qquad (8.5)$$

$$= \sqrt{2}I_1\sin\omega t + \sum_{\substack{n=6k\pm1\\k=1,2,3,\cdots}}(-1)^k\sqrt{2}I_n\sin n\omega t$$

（2）谐波抑制的主要方法

谐波抑制的主要措施有增加整流装置的相数、装设无源电力谐波滤波器和装设有源电力滤波器等。无源电力谐波滤波器又称 LC 滤波器，它由电力电容器、电抗器和电阻器按一定方式连接而成。如图 8.4 所示，可分为调谐滤波器和高通滤波器。调谐滤波器包括单调谐滤波器和双调谐滤波器，可以滤除某一次（单调谐）或两次（双调谐）谐波，该谐波的频率称为调谐滤波器的谐振频率。高通滤波器也称为减幅滤波器，主要包括一阶高通滤波器、二阶高通滤波器、三阶高通滤波器和 C 型滤波器，用来大幅衰减低于某一频率的谐波，该频率称为高通滤波器的截止频率。其中，一阶高通滤波器：基波功率损耗太大，一般不采用。二阶高通滤波器：基波损耗较小、阻抗频率特性较好、结构简单，工程上用得最多。三阶高通滤波器：基波损耗更小，但特性不如二阶高通滤波器，用得不多。C型滤波器：一种新型的高通滤波器，特性介于二阶与三阶高通滤波器之间，基波损耗很小，只是它对工频偏差及元件参数变化较为敏感[5]。

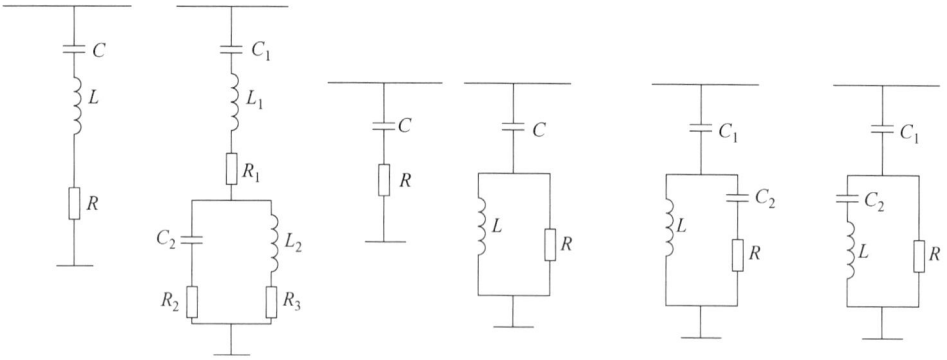

图 8.4　无源电力谐波滤波器

无源电力谐波滤波器有下列缺点：

① 有效材料消耗多，体积大。

② 滤波要求和无功补偿、调压要求有时难以协调。

③ 滤波效果不够理想，只能做成对某几次谐波有滤波效果，而很可能对其他几次谐波有放大作用。

④ 在某些条件下可能和系统发生谐振，引发事故。

⑤ 当谐波源增大时，滤波器负担加重，可能因谐波过载不能运行。

图 8.5 所示的是有源电力滤波器的工作原理。以实时检测的谐波电流为补偿对象，具有良好的补偿效果和通用性。

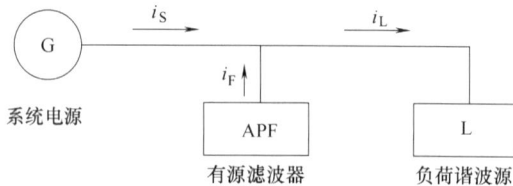

图 8.5　有源滤波电路

根据与补偿对象连接的方式不同而分为并联型和串联型两种：储能元件为电容的电压型、采用电感的电流型。如图 8.6 所示。

有源滤波的补偿原理如图 8.7 所示。设负荷电流 i_L 是方波电流，如图 8.7（a）所示，其中所含的高次谐波分量为 i_H，如图 8.7（b）所示。有源电力滤波器如果产

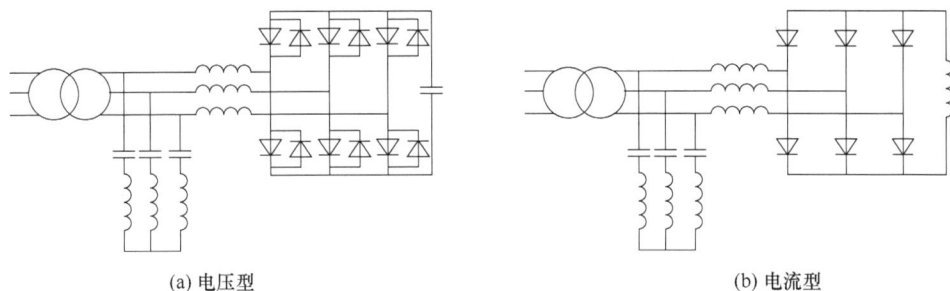

(a) 电压型   (b) 电流型

图 8.6 装设有源电力滤波器类型

生一个如图 8.7（c）所示的与图 8.7（b）所示的幅值相等且相位相反的电流 i_F，i_F 和 i_L 综合后，电源侧的电流 i_S 就变成如图 8.7（d）所示的正弦波形。有源电力滤波器由高次谐波电流的检测、调节和控制器，脉宽调制器（PWM）的逆变器和直流电源等主要环节组成，如图 8.8 所示。

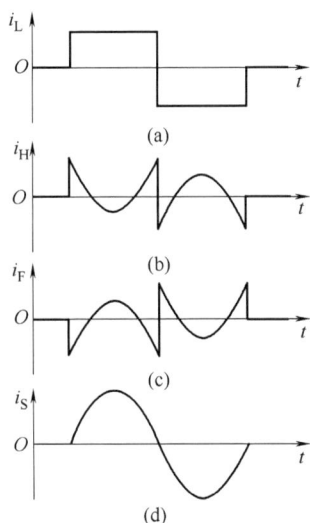

图 8.7 有源滤波的补偿原理

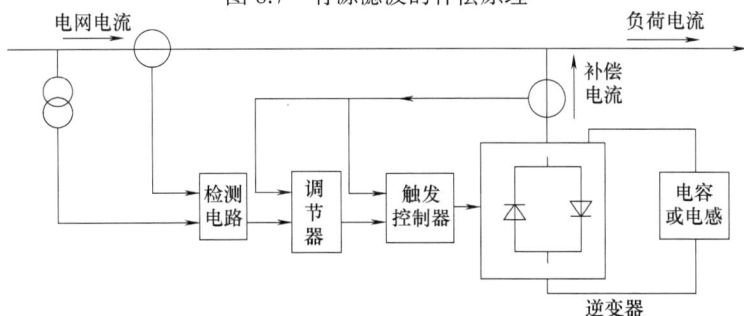

图 8.8 有源滤波应用示例

（3）谐波治理的工程案例

某移动公司的两台 250kVA 的 UPS 在运行中产生了大量的谐波，和其他非线性负载产生的谐波叠加，导致电压的总谐波畸变率高达 6.2%，不符合通信配电系统的要求。在进行谐波治理后，总谐波畸变率显著下降，满足了通信配电要求。图 8.9 分别为治理前与治理后的电流畸变情况。

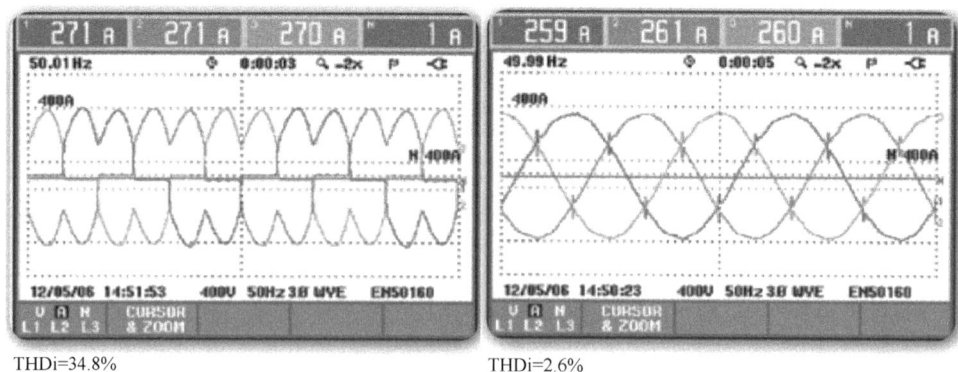

THDi=34.8%　　　　　　　　　THDi=2.6%

图 8.9　谐波治理前后的三相电流畸变率

三　教学反思

各种电力电子装置在运输、冶金、化工、交通、新能源等诸多工业领域的广泛应用给电力系统带来了严重的谐波污染。随着对谐波产生的机理、谐波现象的进一步认识，更多行之有效的谐波抑制方法将不断被研究，同时也有助于制定更加合理的谐波管理标准。谐波的有效治理可以减少谐波对公共电网的污染，减少对通信设备的干扰，提高通信信号质量；可以提高设备运行的可靠性，提高设备的使用寿命；可减少无功补偿的谐振概率，有利于节能减排和可持续发展。

参考文献

［1］ 王兆安. 谐波抑制和无功功率补偿［M］. 北京：机械工业出版社，2016.
［2］ 李圣清，朱英浩，周有庆，等. 电网谐波检测方法的综述［J］. 高电压技术，2004，030（003）：39-42.
［3］ 罗安，付青，王丽娜，等. 变电站谐波抑制与无功补偿的大功率混合型电力滤波器［J］. 中国电机工程学报，2004（09）：119-127.
［4］ 任震，黄群古，黄雯莹，等. 基于多频带小波变换的电力系统谐波分析新方法［J］. 中国电机工程学报，2000，20（12）：38-41.
［5］ 庞浩，李东霞，俎云霄，等. 应用 FFT 进行电力系统谐波分析的改进算法［J］. 中国电机工程学报，2003（06）：50-54.

第四节　卓越人物——马伟明院士

一　知识点与对应的思政元素

电磁弹射技术是航空母舰上使用的一个核心技术，其原理是用电磁能量来推动被弹射物体，由于不需要使用大量的燃料和电能，而是利用物质本身的电离子就能产生强大的能量供给，因此在军事领域有着广泛应用需求[1, 2]。电磁弹射具有过程可控性好、发射机种类多、应急响应快、出动率高、可维护性和适装性良好等显著优势。在介绍电磁发射系统中电力电子技术的同时，引导学生学习海军工程大学马伟明院士在舰船电磁弹射技术方面所作出的杰出贡献，学习其为党学习、为国出力的奉献精神。

二　课程思政教学案例

（1）电磁弹射中的电力电子技术[3]

电磁弹射装置是一类利用脉冲功率发生装置产生的电磁力推动负载达到最大速度的装置，它的实质是将电磁能变换为发射载荷动能的能量变换装置。电磁弹射系统主要由储能系统、脉冲功率变换系统、脉冲发射装置和闭环运动控制系统四部分组成，如图 8.10 所示。

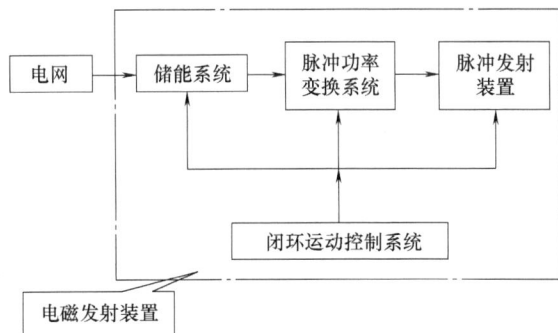

图 8.10　电磁弹射系统的组成

电磁弹射系统的工作原理是：储能系统以较小的功率长时间地从电网吸收和储存能量；当储存的能量满足发射所需后，一旦接收到发射命令，立即向脉冲功率变换系统释放能量；脉冲功率变换系统将储能系统释放的电能变换为脉冲发射装置工作所需的脉冲电能，产生电磁力推动发射体运动；闭环运动控制系统实时地控制弹射体的运行轨迹，确保在预定的位置将其加速至设定的末速度，完成弹射任务。

储能系统逆变装置的本质是一台具备变频变压调速功能的变频装置，能够以较小的功率拖动或制动储能电机，可采用大容量多电平电力电子变流器的模块化设计方案。储能电机输出的电能不能直接供给脉冲发射装置，必须经过脉冲功率变换系统将电能经过交-直-交环节，变换成幅值、频率、相位等符合要求的电能。闭环控制则是电磁弹射系统的大脑，负责调解储能系统的能量释放，控制脉冲功率变换系统的能量输出，对脉冲发射装置输出电磁力精准控制，满足不同发射载荷对速度和加速度的要求。

（2）电磁弹射之父——马伟明院士

任何一个国家的稳定和强大，都需要强大的国防力量来做支撑。被誉为我国电磁弹射之父的马伟明院士，长期致力于电气领域研究，瞄准国际科技发展前沿和武器装备发展需求，带领科研创新团队在"舰船能源与动力""电磁发射技术"和"新能源接入技术"等领域开展了一系列应用基础理论研究、关键技术攻关和重大装备研制，取得了一批具有革命性意义的原创性成果，引领了舰船综合电力和电磁发射两大颠覆性技术的发展，推进了军民通用新能源技术领域的进步，为国防装备现代化建设和高层次人才培养做出了突出贡献。

① 身份几重，荣誉几多，平淡若水。

马伟明院士 1960 年出生于江苏镇江，于海军工程大学获得学士及硕士学位，并于 1996 年取得了清华大学的电气工程博士学位。他 34 岁时就被破例提拔为教授，41 岁时就成了中国工程院最年轻的院士。他还获得了很多奖项，国家技术发明奖两项、军队科研进步奖四项等都被他收入囊中，而且还获得了无比尊贵的"八一勋章"。除此之外，他还是海军教授、工程大学电力电子技术研究所所长。即使他身上有着无数个璀璨耀眼的标签，但是他从来没有因此懈怠手中的工作，他一直觉得，中国人就要为中国做事情，而且还是有利国家发展的事情。

② 美国诚邀、视若不见，国家需要、风雨无阻。

美国曾多次派人前来，花重金邀请马伟明院士去该国，都被马院士斩钉截铁地拒绝了，因为从他穿上军装的那一刻起，他的心里只装着中国。他所做的全部科研成果，都将为祖国服务，一心为国就是他始终不变的信念，也是作为一名中国军人的职责所在。多年以来，马伟明院士带领科研攻关团队在多方面都取得了重大的突破，尤其是在综合电力和电磁发射技术两个方面取得了颠覆性的进展，为我国的国防装备现代化建设做出了突出贡献。

③ 身体力行、无畏艰难，驻守中国力量。

像马伟明院士这样的人才，中国有很多，他们在各个领域发射着自己的光芒，正是因为有他们，祖国才会愈加强大。这些科研人员永远奋斗在前线，等待祖国的号召，响应祖国的命令。由于军人和教授的身份，马伟明院士也深知教育的重要性，经常教他团队里的学生怎么做人和做事，怎么才能对社会有贡献、有帮助。正如荀子的《劝学》所说"青出于蓝而胜于蓝"，马伟明院士认为，这些人才是精英人才，是祖国未来的栋梁，有他们，祖国才会有未来。马伟明不仅用科研成果来证明自己的价值，也用言传身教来启迪更多人，在他的教导下，有无数的青年正在成为中国科研领域的中流砥柱。图 8.11 所示为马伟明院士近照。

图 8.11　中国工程院马伟明院士

三　教学反思

在马伟明院士身上，我们看到了中国人的奉献精神，也看到了中国科技力量的逐渐强大。现在的我们能做的还很渺小，但我们需要于日常学习中根植为党、为国出力的情怀，对于中国的未来，我们充满自信，我们一路同行！

参考文献

［1］　王楠，袁庆庆，夏鲲，等. 电力电子应用技术［M］. 5 版. 北京：机械工业出版社，2019.
［2］　林瞳. 特高压交直流输电系统技术经济分析［J］. 企业改革与管理，2020（20）：221-222.
［3］　马伟明，肖飞，聂世雄. 电磁发射系统中电力电子技术的应用与发展［J］. 电工技术学报，2016，31（19）：1-10.

09
第九章

电力系统分析
课程思政教学案例

课程概况

课程名称： 电力系统分析。

学分学时： 3 学分，48 学时。

教学对象： 电气工程及其自动化专业本科三年级学生。

课程类别： 大类基础理论课程（　　　）

　　　　　　学科基础理论课程（　　　）

　　　　　　专业基础理论课程（　　　）

　　　　　　专业核心课程　　（ ✓ ）

课程简介： 电力系统分析是电气工程及其自动化专业的专业核心课程，其前修课程为电路原理、电机学，后续支撑电能质量、继电保护、新能源并网、电力系统分析综合专题等课程。通过学习电力系统元件建模、有功功率优化与无功功率优化，以及电力系统与控制、管理等学科的交叉，学生能够在多学科环境中应用电气与电力工程管理原理与经济决策方法。本课程着重教授电力系统元件的数学模型、电力系统潮流计算、电力系统有功功率和频率控制、电力系统无功功率和电压控制等知识。通过本课程的学习，学生能够熟练掌握电力系统静态分析的基础知识，能够建立电力系统静态分析的常用模型并进行求解与分析。基于产出导向的理念（OBE 理念），本课程教学过程中使用的教学方式为线下教学，通过教师的课堂讲授、课后答疑和自习辅导，帮助学生掌握课程内容。利用配套实验课程电力系统分析实验，加强对课程内容的理解和掌握。

课程思政设计： 电力系统是迄今为止人类社会中规模最庞大、结构最复杂的人造系统，其安全稳定运行关乎社会民生与国家安全。本课程以爱国情怀、辩证思维、社会责任、励志人物为主线设计课程思政元素，激发学生的爱国热情，培养职业精神。

授课教师团队： 孙伟卿、韩冬、张巍、王海冰。

第一节　伟大工程——西电东送

一　知识点与对应的思政元素

电力系统是以"发电—输电—变电—配电—用电"等为主要环节的人工系统。在学习该知识点时，学生不应仅仅知晓电力系统的基本组成结构，更应结合我国国情，从国民经济发展的角度，深刻理解我国电力系统规划和建设过程中需要考虑的实际问题。通过了解"西电东送"工程的建设背景、工程概况、社会效益，学生可以综合了解我国煤炭、水能、风力、光伏等资源的广域分布情况，掌握"西电东送"工程主通道的建设情况，并辩证理解"西电东送"工程的经济效益[1]和社会效益，宏观理解我国电力系统的总体背景。

二 课程思政教学案例

我国煤炭资源主要分布在西部和北部地区，水能资源主要集中在西南地区，即使是最近几年得到大力开发的风力和光伏资源，也主要分布在西部、北部和东北部地区。

相对地，东部地区的一次能源资源匮乏、用电负荷相对集中，进入工业化中后期。由一张美国国家航空航天局（NASA）于 2017 年拍摄的东亚地区夜间灯光分布图（图 9.1）可见，我国东部地区经济发展水平显著领先于西部地区，其中又尤以京津唐、长三角和珠三角地区为甚。

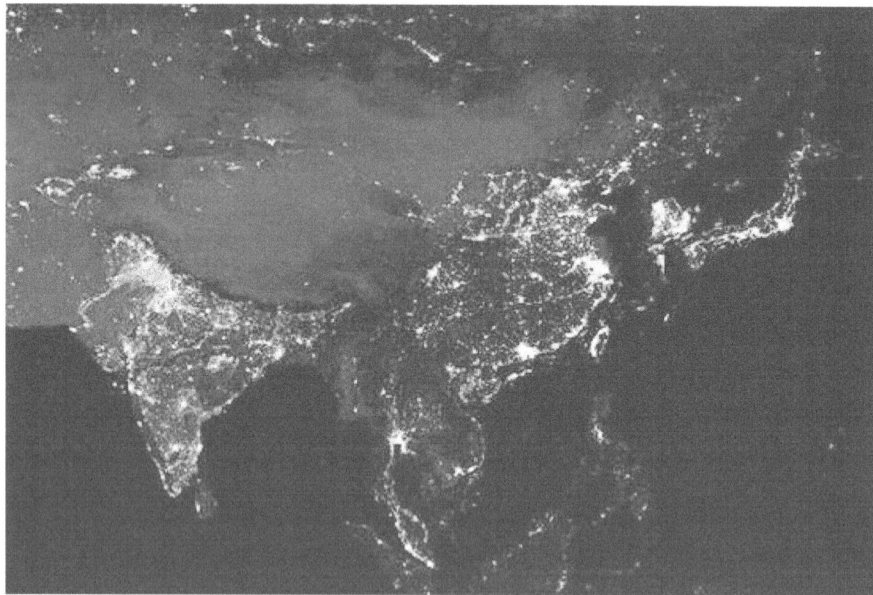

图 9.1 NASA 所摄东亚地区夜间灯光分布图

能源资源与电力负荷分布的不均衡性决定了西电东送的必要性。"西电东送"就是把西部地区丰富的煤炭、水能资源转化成电力资源，输送到电力紧缺的东部沿海地区。实施"西电东送"是我国资源分布与生产力布局的客观要求，也是变西部地区资源优势为经济优势，促进东西部地区经济共同发展的重要措施。

西电东送是西部大开发的标志性工程之一，在西部开发三大标志性工程中，西电东送投资最大，工程量最大。从 2001 年到 2010 年，西电东送项目的总投资在 5265 亿元以上（不包括三峡电站）。根据有关部门规划，"西电东送"将形成北、中、南三大通道。

一是将贵州乌江、云南澜沧江和桂、滇、黔三省区交界处的南盘江、北盘江、红水河的水电资源以及黔、滇两省坑口火电厂的电能开发出来送往广东，形成"西电东送"南部通道[2]。

二是将三峡和金沙江干支流水电送往华东地区，形成中部"西电东送"通道。

三是将黄河上游水电和山西、内蒙古坑口火电送往京津唐地区，形成北部"西电东送"通道。

"西电东送"工程的预期效果，主要体现在以下几个方面：

第一，促进西部经济发展。我国水力资源可开发装机容量达 3.78 亿千瓦，居世界第一位。我国西南地区水资源十分丰富，占全国总量的 68%，相当于全国总的装机容量。西南地区大部分水电站具有淹没损失小、开发条件好、经济指标优越等优点，但开发不到 8%。积极开发西南水电，可以迅速带动西部交通、水泥、钢材、机电制造等行业的发展。

第二，促进生态环境的改善。我国温室气体排放总量为世界第二位，仅次于美国，受到国际舆论的压力。我国电力组成中火电占 80%，水电占 19%，全国火力发电用煤占全国总用煤量的 1/3，排放的 SO_2 每年达 520 万吨。我国的水电开发程度约为 10%或 18%（前者按电量算、后者按装机算），远低于世界平均 22%的水平和发达国家 50%~100%的水平。水电是清洁能源，积极开发水电将有利于我国生态环境的改善。

第三，推动区域协调发展。有效促进西部地区把能源资源的优势转变为经济优势，实现资源优化配置，对于促进西部大开发战略实施、推动区域协调发展、保障南方地区电力供应，具有重要作用。

第四，实现资源优化配置[3,4]。我国的电力管理体制和电网结构以省级行政区为单位，电力资源基本上在一个省级行政区内配置。开发西南水电，实施西电东送，促进全国性电网的建立，电力资源可以在全国范围内进行优化配置，发挥水火互补、东西互补、南北互补的作用，这将为国家创造巨大的经济效益。

三　教学反思

"西电东送"战略是在我国能源资源与需求分布不均衡，能源资源主要集中在西部地区，而能源需求主要集中在东部地区的大背景下的国家选择和国家战略。通过我国煤炭、风力、水能、光伏资源分布图,学生可以直观了解我国主要能源资源的地理分布情况。而利用美国国家航空航天局拍摄的东亚地区夜间灯光分布图,学生则可以利用现代科学技术直观认识我国能源需求的分布情况,其中京津唐、长三角、珠三角地区特征显著。通过这样多维度的诠释,引导学生深刻理解"西电东送"战略选择的必然性。"西电东送"北、中、南三条通道建设情况的介绍,则宏观阐述了我国各省份之间的能源互济情况。最后,通过引导学生开展对"西电东送"工程综合效益的讨论,深入理解西部大开发战略、环境可持续发展理念、区域协调发展措施等引申思政元素。

参考文献

[1] 陈秀山. 西电东送工程区域效应评价 [M]. 北京:中国电力出版社, 2007.
[2] 刘玉,冯健. 跨区资源调配工程的区域利益关系探讨——以西电东送南通道为例 [J]. 自然资源学报,2008(03):545-552.
[3] 李军徽. 抑制风电对电网影响的储能系统优化配置及控制研究 [D]. 北京:华北电力大学,2012.
[4] 温丰瑞,李华强,温翔宇,等. 主动配电网中计及灵活性不足风险的储能优化配置 [J]. 电网技术,2019,43(11):3952-3959.

第二节 工程伦理——交直流之争

一 知识点与对应的思政元素

目前的电力系统是一个交直流共存的混联系统[1],但是在电力系统发展初期,人类为采用交流输电方案还是直流输电方案,曾经有过一段鲜为人知的历史,史称"交直流之争",事件的主角是大名鼎鼎的爱迪生和特斯拉。了解这一段客观存在的历史,不但有利于增强学生对电力系统发展史的了解,也有助于培养学生树立正确的工程伦理和科学精神。

二 课程思政教学案例

1875年,法国巴黎北火车站建成世界上第一座火电厂,标志着电力时代的到来。1882年6月,爱迪生在美国纽约珍珠街建成一座电厂,是美国也是世界第一座商业发电厂,这座发电厂利用蒸汽机驱动直流发电机,内装6台发动机,可使电力第一次真正在人类生活中使用,改变了人们的生活面貌。但在发明了电灯之后接下来的问题是如何将电从发电厂送到街区、大楼,乃至居民住宅。当时的电压等级很低,不可能将电输送到稍远一点的距离，这制约了电的推广应用，成为爱迪生要解决的问题。如果采取直流输电方式，每平方公里就得有一个发电厂，这肯定影响电力的推广应用[2]。

与此同时，发明家尼克拉·特斯拉提出了交流输电专利[3]。这一技术专利可以让电出厂电压升得很高，这就意味着电力可以通过输电线输送至较远距离，在用户端电压再次降下来。这一专利引起了匹兹堡实业家乔治·西屋的兴趣，他买下了尼克拉·特斯拉的交流输电专利。

直流电不便于长途传输，每隔一公里则要增设发电站，大大增加成本，而这些成本又分摊在使用者身上，造成直流电昂贵的价格。但交流电却可利用变压器变压用于长途输电，费用低廉但效能优越。爱迪生清楚地看到这一点，所以才疯狂地打压和诋毁交流电。爱迪生在乎利益，但是与此相比，他更加在乎的是超过别人，而不能允许被别人超过。所以，交直流大战[4]一方面是爱迪生为了巩固自己的既得利益，一方面也是为了自己业已辉煌的声名。

在这场有关输电技术孰优孰劣的激烈争论中，爱迪生不顾自己已有的崇高声望，寻找交流电的弱点，从交流电的安全性入手，公开指责交流电不安全，升高电压会导致人身触电事故发生。当时的新闻里也确实报道了不少的触电事故。

然而，由于交流电的优越性非常明显，西屋公司的交流输电技术在电力市场上还是取得了主导优势。西屋公司从爱迪生公司手中夺取了市场份额，而爱迪生公司由于顽固坚持直流输电技术，削弱了公司的赢利能力。尽管爱迪生本人竭力反对，但爱迪生通用电气公司还是与他当时的一个主要竞争对手合并，公司从过去的爱迪生通用电气公司更名为通用电气公司，他的名字从新公司的名称中被拿掉了，这使爱迪生倍感羞辱和痛苦。

特斯拉的交流电方案战胜爱迪生的直流电方案，体现在如下两个标志性事件上。

事件一：哥伦比亚博览会。

1893年1月的某天，雨夹雪，特斯拉的助手科尔曼·西托不断呵气跺脚来获得微薄的暖意，而同处一间实验室的特斯拉则全神贯注地调试着一台新设计出来的机器。电话铃响了两声，西托跑过去接电话，只听了一句，便招呼特斯拉："匹兹堡来的长途电话。"特斯拉极不情愿地放下手中的工作，抓起话筒，只打了一声招呼，随后便被千里之外电话那头乔治·威斯汀豪斯的声音给淹没，他兴奋极了，语无伦次，脏话连篇。但特斯拉准确地捕捉到威斯汀豪斯想要表达的东西：哥伦比亚博览会，是我们的了。

那是历史上第一次电气交易会，对爱迪生和特斯拉来说，这无疑是交直流电大战中最重要的一场战役。起初以爱迪生为代表的通用电气报价为180万美元，使用的直流电发电系统，但主办方很快便驳回了这个跟其预算相去甚远的报价。生意头脑发达的爱迪生不可能不明白这次博览会的意义所在，他狠下决心把每盏灯的报价从 18.94 美元，下降到 5.95 美元，新的报价为 55.4 万美元。就当爱迪生豪气干云地觉得势在必得之时，威斯汀豪斯领衔的西屋电气以 39.9 万美元的超低价格竞标成功。当然，他使用的是特斯拉的交流电系统。

爱迪生对此气急败坏，严禁向西屋电气出售自己公司的电灯泡，为此特斯拉在短时间内研究出一种新型的灯泡。

随着克利夫兰总统亲自转动象牙和黄金制成的钥匙，由一千只灯泡组成的灯塔光芒四射，点亮了哥伦比亚的夜空。

在展厅里，特斯拉一只手高举着磷光灯泡，另一只手摸向了电门，以自己身体为导体，点亮了那只灯泡（图 9.2）。在场的人无不瞠目结舌，关于交流电危险的论调不攻自破。

图 9.2　特斯拉演示交流电

事件二：尼亚加拉大瀑布发电站。

1897 年，第一座位于尼亚加拉瀑布的水力发电站建成，成为 35 公里外的纽约州水牛城的主要供电来源（图 9.3）。其后十多座大大小小的发电站相继建成，每日所生产的电力足以供应美国纽约州和加拿大安大略省总需求的四分之一。至今，仍在运转。如果用直流电系统，暂且不论成本如何，光是远距离传输[5]就足以让爱迪生缴械投降。

随后，在 1901 年布法罗世博会上，尼亚加拉瀑布水电站用一万一千伏高压线路将五千马力（1 马力约为 735 瓦）机组发出的电流送到世博园区，再降低到一千八百伏分配到各个展馆。四万个灯泡组成一百二十五米高的灯塔，塔上巨大的探照灯和尼亚加拉瀑布探照灯交相辉映。电力馆展出尼亚加拉水电站工作模型，人们可以看见被水力推动的涡轮组，通过耳机，能听到尼亚加拉大瀑布的雷霆万钧。

图9.3 尼亚加拉大瀑布世界第一台交流电发电机组

特斯拉对于此次设计功不可没，当中共运用了他9项专利发明，包括最核心的交流电发电机和交流电输电技术。特斯拉用高压电来实现远距离供电，彻底解决了尼亚加拉水电站远距离供电的难题。至此，确定了交流电的主导地位。他在这场交直流电大战中以胜利者的姿态走到了最后。

三 教学反思

爱迪生是世界闻名的伟大科学家，但是，再伟大的科学家也不是神，不可能要求他们事事都是权威、正确的。科学技术日新月异，新理论、新技术、新产品层出不穷。历史从来都是长江后浪推前浪，不能凭老经验、老知识，武断阻止新技术的发展和推广应用。对新东西要允许试、允许探索，而不是一棍子打死。有些看来不可能的事情后来却成了技术的主流。

参考文献

［1］朱红萍，罗隆福. 直流调制策略改善交直流混联系统的频率稳定性研究［J］. 中国电机工程学报，2012，32（16）：36-43.

［2］屠竞哲，甘德强，辛焕海. 考虑连锁故障风险的交直流混联系统容量最优分配［J］. 电网技术，2013，37（09）：1156-1162.

［3］徐政. 交直流电力系统动态行为分析［M］. 北京：机械工业出版社，2004.

[4] 徐政. 交直流电力系统动态行为分析 [J]. 高电压技术，2004，14（06）：3-9.

[5] 周渊深. 交直流调速系统与 MATLAB 仿真 [M]. 北京：中国电力出版社，2004.

第三节 使命责任——2019 年英国大停电事故

一 知识点与对应的思政元素

课程"电力系统有功功率和频率调整"章节主要讲解电力系统有功功率平衡与系统频率之间的关系。换言之，如果电力系统不能通过有效的控制手段，保持有功功率的实时平衡，将会导致系统频率的波动，严重情况下发展成为电网大停电事故，对国民经济造成重大损失。因此，分析由于系统有功功率不平衡导致的电网大停电事故的演化过程，有助于更加直观、生动地阐述电力系统有功功率与频率调整之间的关系，同时也能通过大停电事故激发学生的责任意识和敬业精神。

二 课程思政教学案例

当地时间 2019 年 8 月 9 日下午 5 点左右，英国发生大规模停电事故[1]。大停电起源于英格兰的中东部地区及东北部海域，最终造成英格兰与威尔士大部分地区停电。约有 100 万人受到停电影响。停电发生后，英国包括伦敦在内的部分重要城市出现地铁与城际火车停运、道路交通信号中断等现象；市民被困在火车或者地铁中，居民正常生活受到影响；部分医院由于备用电源不足无法进行医事服务。停电发生后约 1.5 小时，英国国家电网宣布电力基本得到恢复。这是自 2003 年"伦敦大停电"以来，英国发生的规模最大、影响人口最多的停电事故。

本次大停电主要与小巴福德燃气电站及霍恩锡海上风电场有关，二者情况介绍如下。

小巴福德燃气电站是一个联合循环燃气轮机发电厂，位于剑桥郡/贝德福德郡边界的圣奈特南部。小巴福德燃气电站归德国 RWE 公司所有，装机容量为 740MW，由 2 台燃气轮机（2×241MW）和 1 台蒸汽轮机（256MW）构成燃气联合循环机组，于 1996 年开始运营，其电力足以满足 50 多万户家庭的用电需求。

霍恩锡海上风电场位于英国北海，计划分四期进行建设。该风电场总装机容量计划约为 6000MW，其中一期规划容量 1200MW，二、三、四期规划容量依次为 1400MW、1000~2000MW、1000MW。建成后将成为世界上最大的海上风电场。霍恩锡海上风电场一期工程已于 2019 年 2 月开始向英国国家电网供电。截至 2019 年 5 月 3 日，174 台风力发电机中已有 28 台安装完毕。

根据英国 BBC、英国国家电网公司（National Grid）以及英国电力监管机构（Office of Gas and Electricity Markets，Ofgem）披露的信息，对该次大停电事故过程进行梳理。限于资料有限，以下内容可能与事实存在出入，部分内容属于推测。

事故发生前，英格兰与威尔士电网的总负荷约 25351MW。位于贝德福德郡的小巴福德燃气电站出力 730MW，占全网总负荷的 2.88%。整个电网内的风电总出力约为 8800MW，占全网总负荷的 34.71%。霍恩锡海上风电场出力目前还不能确定，推测约为 900MW，占全网负荷的 3.55%。英国电网公司规定系统频率波动范围为 49.8Hz 到 50.2Hz，即（50±0.2）Hz。

本次事故中的关键时间节点及其事件如表 9.1 所示。

事故过程中的系统频率变化如图 9.4 所示。

表9.1　事件时间与后果

序号	时序	事件	后果
1	16：52：33.490	雷击导致 线路短路并跳闸	分布式电源脱网150MW， 占总负荷0.5%
2	16：52：33.728— 16：52：33.835	霍恩锡风电场 出力下降	风场损失出力737MW， 累计损失887MW，约占总负荷3%
3	16：52：34	小巴福德蒸汽机 ST1C 意外跳闸	小巴福德蒸汽机损失功率244MW， 分布式电源脱网350MW，累计损失功率1481MW，约 占总负荷5%
4	16：52：58— 16：53：18	频率停止下跌并回升	频率在49.1Hz 停止下跌，频率响应 累计出力900MW，频率恢复至49.2Hz
5	16：53：31	小巴福德电站一台 燃气机 GT1A 停机	损失功率210MW，损失功率累计 达到1691MW，约占总负荷5.8%
6	16：53：58	小巴福德电站另一台 燃气机 GT1B 停机	损失功率187MW，累计 达到1878MW，约占总负荷6.5%
7	16：57：15	控制中心进一步采取 1240MW 动作措施	系统频率恢复到50Hz

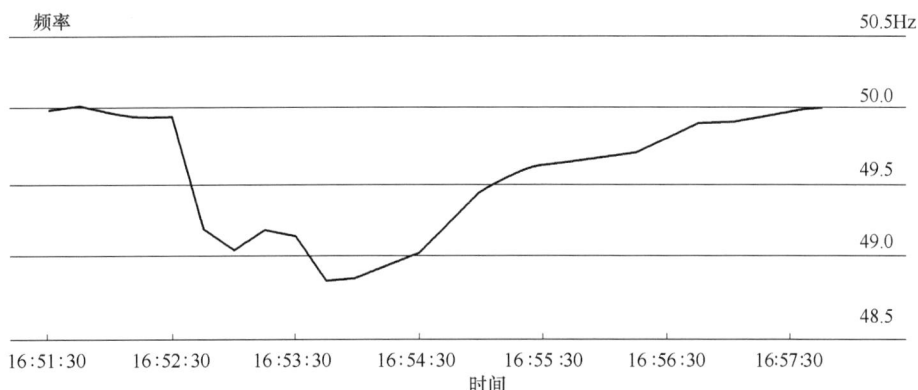

图 9.4　事故过程中的系统频率变化

导致此次大停电事故的原因总结为以下三个方面[2]：

① 在风电高渗透率条件下，英国电网运行方式疑似不满足"N-1"校验。事发时，风电渗透率达到了34.71%。推测系统中同步机可能开机不足，致使系统惯量大幅降低。在燃气机组发生"N-1"跳机后，系统频率跌落幅值超过了安全导则的规定，不满足频率稳定要求。

② 海上风电机组涉网性能疑似不足。在系统遭受"N-1"跳机事故后，海上风电机组出力骤降，进一步加剧了系统功率缺额，使得频率跌落到了48.9Hz。

③ 系统备用不足。在系统接连出现扰动时，系统备用未能及时弥补功率缺额，致使低频减载装置启动，切除了部分负荷。

对高风电渗透率下的电网运行特性（特别是频率响应特性）掌握不够、对电网安全运行裕度考虑不充分，是本次事故的间接原因。

通过对此次大停电事故的分析，我们可以得到以下启示：

① 加强含高比例新能源电网的频率特性研究[3,4]。新能源大量替代同步机后，将导致系统惯量水平下降，恶化频率响应特性，削弱系统抵御功率差额的能力。应当深入研究含高比例新能源电网受扰后频率响应的时空分布特性，并校核其扰动是否会触发其他设备二次脱网。

② 确保风电机组涉网性能达标。在系统出现频率/电压扰动之后，霍恩锡海上风电机组出力骤降导致系统频率进一步恶化。在风电大发期间，风电机组耐受异常电压/频率的能力会极大影响电网在故障期间的频率特性。为了防止故障期间风电机组脱网及出力骤降导致事故扩大，应该核查风电机组涉网性能，加快性能改造和检测认证。

③ 加强对抽蓄机组的管理[5]。在本次大停电中，抽蓄机组及时增加出力，阻止了事故进一步扩大。抽蓄机组是电网"三道防线"的重要组成部分，必须严格管理，确保其合理配置及正确动作。

三 教学反思

电力系统有功功率实时平衡和频率调整是系统稳定可靠运行的必要保证，而由功率损失和频率波动导致的电力系统安全问题和停电事故是系统运行竭力避免的局面，也是电力行业研究攻克的重点。通过对英国大停电事故中各能源发电、机组出力、系统调整等过程分析，以及对高渗透率可再生能源系统存在的问题和隐患的分析，学生能更直观地感受到电力运行中对安全性的高标准和严要求，学生将在以后的专业学习中对系统安全规范的认识更加深刻和明晰，养成对学习和科研的敬畏之心和严谨之本。

参考文献

[1] 央视网. 英国突发大面积停电 [EB/OL].
[2] 刘健, 徐精求, 程红丽. 紧急状态下配电网大面积断电快速恢复算法 [J]. 中国电机工程学报, 2004, 24 (12): 132-138.
[3] 张剑云, 李明节. 新能源高渗透的电力系统频率特性分析 [J]. 中国电机工程学报. 2020, 40 (11): 3256-3262.
[4] 杜亚炜. 新能源接入条件下电网频率安全稳定特性与控制研究 [D]. 北京: 华北电力大学, 2017.
[5] 贾江涛. 一种带抽蓄机组水电系统短期优化调度方法 [J]. 电网技术, 2017 (05): 261-266.

第四节 卓越人物——顾毓琇院士

一 知识点与对应的思政元素

顾毓琇先生是一位集科学家、教育家、诗人、戏剧家、音乐家、佛学家于一身的文理大师[1]。尽管顾毓琇先生在各个领域的成就卓绝，但顾先生晚年仅依靠养老金生活，他将自己的大部分积蓄都拿出来捐资助学[2]，先后在清华大学、北京大学、南京大学、东南大学、交通大学等高等学校设立奖学金，鼓励青年学生为国家的前途努力进取、全面发展。通过讲授顾毓琇先生的人物生平与为国家所做的贡献，帮助学生培养认真务实的科研精神与兼济天下的奉献情怀。

二 课程思政教学案例

作为科学家，顾毓琇是国际公认的电机权威和现代自动控制理论的先驱，并是中国电机工程学会的创始人之一；作为教育家，他是清华大学工学院的奠基者之一，曾担任国立中央大学校长、国立政治大学校长、教育部政务次长等职；作为诗人，他一生创作诗词 7000 多首，出版诗歌词曲集达 34 部之巨，是中国历史上仅次于陆游的多产诗人，也是世界诗人大会加冕的"国际桂冠诗人"；作为戏剧家，他是"国剧运动"的发起者和推动者之一，曾创办上海戏剧学院的前身——上海市立实验戏剧学校，一生共创作话剧十二部；作为音乐家，他曾担任国立音乐院（中央音乐学院前身）的首任院长[3]、国立交响乐团团长、国立礼乐馆馆长，是中国黄钟标准音的制定者，中国古乐的研究权威；作为佛学家，他的英文巨著《禅史》和多部佛学研究专著深受国际佛学界的重视。

攻读硕士学位期间，顾毓琇发明了"四次方程通解法"。这是基础数学一项创造性、突破性的成果。用计算机求解方程的算法基于该"通解"的基本思路。攻读博士学位期间，发明了"顾氏变数"，初步奠定了他在国际科学界的地位。他仅用四年半时间，就获得了美国麻省理工学院的科学学士、硕士、博士三个学位，创造了麻省理工学院的记录；同时，他也是第一位获该校科学博士学位的中国人。

1928 年，顾毓琇学成回国后，开始教学和学术研究工作。他创立《电工》杂志，并发起成立中国电机工程师学会，被推举为会长；他还被选为中国工程师学会副会长，曾获得过中国电机学会的学术金质奖章。

1932 年，顾毓琇受清华大学梅贻琦校长登门之邀，回到母校执掌工学院，并创建了电机系、无线电研究所和航空研究所。在他的领导下，工学院不但汇集了国内最优秀的教授，而且还从国外邀请了维纳、冯·卡门等世界知名学者来讲学。不到五年，清华工学院发展成为了中国一流的工学院。

抗日战争期间，顾毓琇主持制定战时教育政策，领导实施对大学大规模内迁，为中华民族保存了宝贵的知识精华。由内迁而形成的西南联大、中央大学等学府，培养了大量栋梁之材，仅中央大学的师生中就有上百人在新中国当选两院院士。抗战胜利后，国民政府授予他抗战胜利勋章。

20 世纪 50 年代，顾毓琇完成了从行政管理到学术研究的惊人转型，而且一跃又站到了世界科学研究的最前沿，开创了非线性控制理论的先河。

顾毓琇的教育生涯之长、培养的学生层次之高、在各领域的影响之大，堪称现代教育史上的传奇[4]。

顾毓琇创了中国第一个航空研究所后，1935 年开始招收航空专习生，钱学森被录取。此后，研究所公派钱学森赴美留学，不久钱学森又转到顾毓琇多年的朋友冯·卡门的门下深造[5]。

顾毓琇担任国立中央大学工学院院长时，吴健雄考入中央大学学习，其后她一直尊称顾毓琇为"毓琇大师"。

曹禺在清华大学学习期间，顾毓琇是清华的"四大院长"之一，因此，曹禺之前一直尊顾为师。抗战期间，曹禺与顾毓琇交往频繁，曾请教顾毓琇对抗战前途的看法。顾毓琇告之："如果中国的知识分子认为抗战有望，则未必得胜；但如知识分子认为抗战无胜利希望，则抗战必败。"

朱棣文获得诺贝尔奖后，他的母亲李静贞向顾毓琇报告："这次小儿棣文得了诺贝尔之奖全靠了您的指教。"顾毓琇与朱家三代有深厚渊源。朱棣文的外祖父李书田 1923 年与顾毓琇同船赴美留学。

三 教学反思

顾毓琇先生以"学者、教授、诗人、清风、明月、劲松"自谓，表现了他平静的心态和恬淡的生活态度，然而后人给他的美誉远远超出这些。在顾毓琇逝世后举行的追悼会上，他的次子顾慰庆曾说："父亲一生唯一的遗憾是未能见到中国的和平统一。"顾老在耄耋晚年仍心系祖国统一，他虽身在海外，但对国内大事至为关心，经常为国献计献策。顾毓琇的百年人生，艰难曲折，生活俭朴，不图享受。他教育子孙发奋图强，没有留下任何遗产，却留下了属于全中国人民的巨大的精神财富。通过讲授励志人物先进事迹，激发学生爱国情感，培养学生立志报效祖国的情怀。以先进人物为典范，树立为国家科技自立自强发展战略贡献智力的坚定决心。

参考文献

[1] 高恕新. 文理奇才 一代宗师——顾毓琇业绩及其成才道路浅述 [J]. 无锡教育学院学报，2003（1）：3-6.

[2] 李福春，李良方. 文理大师顾毓琇的工程教育贡献——纪念顾毓琇诞辰 110 周年暨逝世 10 周年 [J]. 高等工程教育研究，2013（5）：102-107.

[3] 蓝南. 中西贯通，文理兼长的学术大师——我院前身之一国立音乐院首任院长顾毓琇教授简历 [J]. 中央音乐学院学报，2002，07（001）：96.

[4] 周萍. 顾毓琇教育思想及其特点探析 [J]. 清华大学教育研究，2003，4（6）：24-27.

[5] 陈首. 科学与科学化：顾毓琇的理念分析 [J]. 科学技术哲学研究，2007，024（004）：84-88.

10
第十章

电机控制与电力拖动
课程思政教学案例

课程概况

课程名称：电机控制与电力拖动。

学分学时：3 学分，48 学时。

教学对象：电气工程及其自动化专业本科三年级学生。

课程类别：大类基础理论课程（　　　）

　　　　　　学科基础理论课程（　　　）

　　　　　　专业基础理论课程（　　　）

　　　　　　专业核心课程　　（　√　）

课程简介：本课程是一门利用自动控制理论、电机学和电力电子技术等对电力拖动系统进行调速控制的专业核心课程。本课程的学习，使学生获得电机控制与电力拖动方面的知识，培养学生基于电路原理、力学运动原理和控制理论等科学原理，采用科学近似处理与等效原则等方法对电气工程领域中的复杂工程问题进行等效、简化处理后研究的能力。通过分析与研究典型一型系统和二型系统的闭环控制特性，建立数学模型，分析在不同参数下的动态性能的变化规律与趋势，为复杂的控制系统提供参考依据。同时，通过引入"工匠精神""工程良知"等思政元素，与 MATLAB Simulink 仿真模拟软件，对各种调速系统进行模拟仿真，实现专业核心知识教育与德育教育的有机融合。课程主要内容包括：①掌握运动控制系统的基本结构和直流调速系统的工作原理，深入理解开环和闭环控制系统的控制规律；②掌握转速、电流双闭环直流调速系统的工程设计方法；③理解调速的稳态指标和动态性能指标，了解数字控制的特点；④了解基于稳态模型和动态模型的异步电动机调速系统的控制原理。

课程思政设计：介绍变频技术、坐标变换技术在电机控制、电力拖动系统中的发展现状，以陈伯时教授的先进事迹传递求真务实、探索创新的科学精神，严谨认真、精益求精的工匠精神；以中国高铁的发展和成就来激发学生的社会责任、爱国情怀等社会主义核心价值观，实现知识传授与德育教育的有机融合。

授课教师团队：饶俊峰、袁庆庆、曹庆梅。

第一节　伟大工程——中国高铁

一　知识点与对应的思政元素

20 世纪 90 年代初才开始研究的中国高铁一路走来，历经风雨，从无到有，从弱变强，从积累和引进到自主创新，从国内走向国外，成为中国新名片，是近年来我国建设成功的伟大工程之一[1]。本案例介绍中国高铁发展历史和主要核心技术，激发学生学以致用、技术报国的爱国情怀。

二 课程思政教学案例

（1）中国高铁技术发展简介

中国已成为世界上高速铁路发展最快、系统技术最全、集成能力最强、运营里程最长、运行速度最高、在建规模最大的国家，中国高铁引领了世界高铁发展的新潮流。这一典型的国家成就，蕴涵着特殊的交通科技史价值，也孕育着中国特色的科技文化[2]。

中华人民共和国成立后，中国铁路长期在低速中徘徊。铁路发展远低于经济增长的速度，一直是制约国民经济发展的瓶颈。在铁路主管部门主导下，国内的火车由蒸汽机车逐步转到电力机车和内燃机车。从 1997 年起的十年间，中国铁路经历了六次大提速后，主要干线均实现"速度 200 公里每小时"的高速运行。从 20 世纪国产高速列车的多年自主研制，到 21 世纪初的技术引进和自主创新，实现了跨越式发展。中国高铁的发展堪称世界奇迹。

我国铁路主管部门在 2003 年正式提出铁路跨越发展的路线方针，包括两个方面的内容，一是实现机车车辆装备的现代化，二是建设发达的铁路网以快速扩充运输能力。

机车车辆装备方面，根据 2004 年 4 月国务院提出的"引进先进技术，联合设计生产，打造中国品牌"基本方针，确定了引进少量原装、国内散件组装和国内生产的项目运作模式，从此，开启了中国高速列车引进、创新、超越的发展新路。

在路网规划与建设方面，我国也取得了飞速进展。铁路主管部门在完成高速动车组技术引进之后，着手全面开展宏伟的中国高速铁路建设计划。在铁路主管部门的推动下，国务院于 2004 年 1 月 7 日审议通过了《中长期铁路网规划》，这是我国铁路历史上第一个中长期发展规划，确定 2020 年我国铁路营业里程达到 10 万公里，建设客运专线 1.2 万公里以上。2008 年，将 2020 年全国铁路营业里程规划目标由 10 万公里调整到 12 万公里，确定中国高铁发展以"四纵四横"为代表的快速客运网络，2016 年又提出了"八纵八横"铁路网规划。

2016 年 7 月，国家发改委、交通运输部、中国国家铁路集团有限公司联合发布了《中长期铁路网规划》，勾画了新时期"八纵八横"高速铁路网的宏大蓝图。"八纵"通道包括沿海通道、京沪通道、京港（台）通道、京哈—京港澳通道、呼南通道、京昆通道、包（银）海通道、兰（西）广通道。"八横"通道包括绥满通道、京兰通道、青银通道、陆桥通道、沿江通道、沪昆通道、厦渝通道、广昆通道。

在规划快速客运网络的同时，铁路主管部门还积极推动铁路管理体制改革，撤销铁路分局，同时建立"省部合作"的机制，充分发挥地方政府建设铁路的积极性，加快高速铁路建设，逐步构建起中国高速铁路技术标准体系。至 2009 年，我国铁路研发出具有完全自主知识产权的 CRTS Ⅲ 型板式无砟轨道，被视为"引进—消化吸收—再创新"战略和高速铁路技术国产化的重要成果之一。

2009 年至今，中国高铁进入了自主创新期。中国高速列车技术发展大致以三代产品的成果形式呈现在世人面前。第一代主要是引进消化吸收，中国掌握了 200~250 公里每小时的高速列车制造技术，代表性车型包括 CRH1 型、CRH2 型、CRH3 型、CRH5 型等高速列车；第二代中国高速动车组的代表车型为 CRH380 系列，是在掌握 200~250 公里每小时高速列车技术的基础上，自主研制生产的速度 350 公里每小时及以上的高速列车，这一代高速列车是高新技术的系统集成，将融合交流传动技术、复合制动技术、高速转向架技术、减阻降噪技术等一系列最新科研成果，实现了众多技术创新与系统优化。标志着中国高速列车技术达到世界先进水平。第三代产品指以自主化为标准、以标准化为前提、以需求为牵引来开展，通过正向设计而创新研制的"中国标准"动车组（CEMU）。中国标准动车组于 2015 年 6 月 30 日正式下线，速度 350 公里每小时，具有完全自主知识产权。标准动车组的下线和试验，为我国高铁技术全面自主化、标准化打下坚实基础，标志着中国高速列车进入了正向研发时代。此后中国高铁加快了走向海外的步伐。

截至 2020 年 8 月，中国铁路营业里程达 14.14 万公里，其中高铁 3.6 万公里，居世界第一位。这一举世瞩目的成就受到了全球的关注，中国高铁的发展历程也吸引了世人的眼光。

大力建设发展我国铁路线网，促进中国向"一体化城市"时空格局的转变，是改善我国交通便捷性的有效途径，也是提升全国物流速度的需求，对于保障我国经济稳定增长，具有十分重要的现实意义[3]。具体体现在：

第一，以高铁为代表的中国速度给很多人带来了便捷惬意的生活体验，从"四纵四横"到"八纵八横"极大地满足了日益增长的客运需求[4]。事实证明，高铁承载着国人日常出行，回应群众现实需求，其发展壮大，终与改革开放的节奏同频。

第二，高铁不仅为民生福祉加速，更助推着地方经济发展。在千帆竞发的新时代，各地无不攒足了劲儿，想方设法引进高铁，为经济和社会发展提速。高铁延伸到哪里，就会给哪里带来人流提升、资源整合、信息互通的增速，就会开拓经济发展的新格局。高铁与工业、农业、旅游、贸易等相关产业深度融合，共融共生，为整个国民经济结构调整注入了新鲜活力。

第三，高铁技术不断成熟完善，由中国自主研制、具有完全自主知识产权的"复兴号"标准动车组列车，工程建造、列车控制、牵引供电、系统集成等各个技术领域均达到了世界先进水平，展示了中国制造的不俗实力。

（2）中国高铁的特点及关键技术

经过多年的建设和运营管理实践，中国高速铁路安全可靠、平稳舒适、方便快捷、节能环保、适用性强等特点日益凸显。中国高铁的技术特点可总结如下[5]：

① 安全可靠。

中国建设了稳固耐久的路基、桥梁、隧道等高速铁路线路基础设施，制造了安全可靠的高速列车，建立了性能可靠的牵引供电、通信信号等高速铁路控制系统。经过多年的运营实践，形成了集基础设施、移动装备、综合检测、防灾减灾、应急救援于一体的安全风险管理体系，确保了高速列车的安全运行。

② 平稳舒适。

中国自主创新的钢轨、无缝线路、无砟轨道和高速道岔等技术，保证了高速铁路线路的高平顺性，使动车组运行更加平稳安全。中国高速动车组采用了减振性能良好的高速转向架，车厢内振动小。车内采用的是舒适的软座椅，车窗大、采光好、视野开阔。全自动恒温空调系统能够为旅客提供适宜的车内环境温度、湿度和清新空气。动车组车厢内设有轮椅存放区、婴儿护理桌、残障人卫生间等，可以满足不同旅客的需要。动车组的地板与站台可以良好对接，代步工具能够无障碍上下车，为旅客提供了平稳舒适的旅行环境。

③ 方便快捷。

中国高速铁路车站安装了人脸识别、智能导航等先进的旅客自助服务系统，方便旅客进出站、候车和换乘。采用人性化无障碍设计，实现零距离换乘，使高速铁路客站与城市公交系统甚至机场融为一体，还积极推进"高铁网+互联网"双网融合，旅客可以线上或线下随时购买高铁车票。

④ 节能环保。

合理选线保护生态环境，以桥代路节约土地资源。高速铁路采用电力牵引，消除油烟、粉尘和其他废气对环境的影响。高铁车站大量采用节能技术及智能控制新技术。高速动车组均采用密闭式集便装置，利用地面吸污装置集中收集处理。

⑤ 适用性强。

中国高速动车组能够适应各种复杂气候和环境，有速度 160 公里每小时、200~250 公里每小时和 300~350 公里每小时三种等级，设有一等、二等、商务等车厢和适宜长途旅行的卧铺动车组；有适应不同运输需求的 8 辆、16 辆和 17 辆三种固定编组，其中两列 8 辆编组动车组可重联运行。中国高速铁路采用高密度、公交化的开行方式，始发、运行、到达正点率分别平均达到99%、98%、97%以上。

中国高铁基本采用交流电作为高铁列车的牵引网络的电流制式。图10.1给出了电力系统与牵引供电系统的示意图。牵引供电系统包括牵引变电所、架空接触网和回流回路。牵引变电所将高压电变换成高铁专用的单相交流电，给架空接触网提供电能，高速列车通过受电弓将架空接触网的电能取回车内，驱动变频电机使列车运转。目前主要采用三相异步电机，单台电机的功率为几百千瓦，一列车厢配备一两台电机。一台8编组的CRH380A和谐号的牵引功率为9800kW。

高铁中的核心技术包括高速铁路路基、桥梁、隧道、无砟轨道、减振降噪、四电工程、交流传动、复合制动、高速转向架、减阻降噪等相关关键技术。

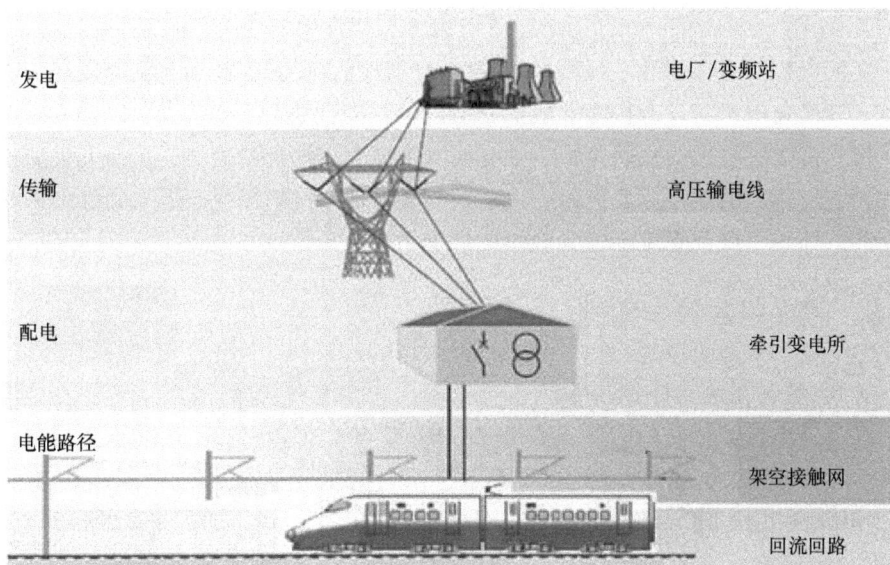

图 10.1　电力系统与牵引供电系统

三　教学反思

高速铁路为我国客运和货运难题提供了低成本、高效、便捷的解决办法。目前我国在高铁动车组研究、铁路规划、工程应用和行业标准制定方面积累了不少经验，引领国际高速铁路水平达到了新高度。在教学过程中，一方面要让学生理解发展高速铁路的重要性；另一方面，要启发学生思考高速铁路中的供电和电力牵引的技术难点，激发学生学习能动性。

参考文献

［1］高柏，李国武，甄志宏.中国高铁创新体系研究［M］.北京：社会科学文献出版社，2016.

[2] 孙红林, 唐曼. 中国高速铁路创新发展的优势 [N]. 学习时报, 2018-9-28.

[3] 梁建英. 中国高铁发展为社会整体发展带来深远影响 [EB/OL].

[4] 张中卓. 高铁为"改革中国"领跑世界注入强大动力 [EB/OL].

[5] 中国国家铁路集团有限公司. 快速发展的中国高速铁路 [M]. 北京: 中国铁道出版社, 2019.

第二节 辩证思维——坐标变换

一 知识点与对应的思政元素

交流电机具有非线性、强耦合、多变量的性质,要获得高动态调速性能,必须要建立并简化电机的动态模型。坐标变换以电磁耦合关系为切入点,以合成磁通势为目标,将交流电机的物理模型等效变换成类似直流电机的模式,从而大大简化分析和控制过程。虽然坐标变换的过程是稍显复杂的,但坐标变换带来的好处是显而易见的,体现了辩证思维在工程教学中的魅力。

二 课程思政教学案例

(1)坐标变换的基本思路

在交流电机三相对称的静止绕组 A、B、C 中,通以三相平衡的正弦电流,所产生的合成磁通势是旋转磁通势 F,它在空间呈正弦分布,以同步转速顺着 A—B—C 的相序旋转。在另一方面,任意对称的多相绕组,通入平衡的多相电流,

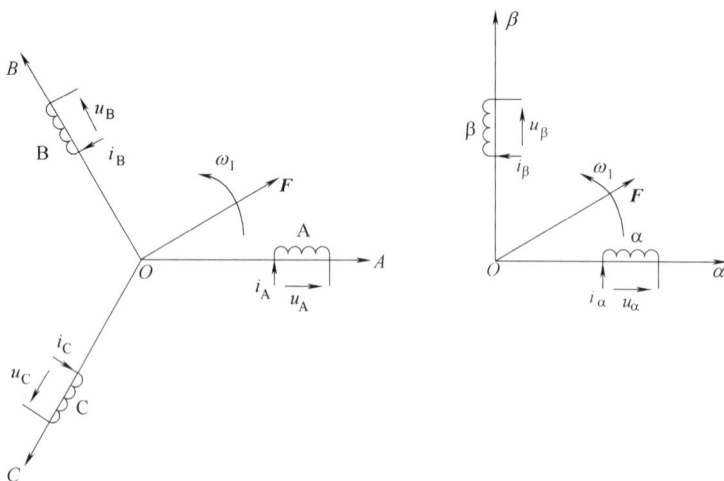

图 10.2　三相坐标系和两相静止坐标系的物理模型

都能产生旋转磁通势，其中以两相最为简单。三相变量中只有两相为独立变量，可以用相互独立的两相正交对称绕组等效替代，如图 10.2 所示，等效的原则是产生的磁通势 $\boldsymbol{F}$ 相等[1]。

当图 10.2 中两个坐标系中的绕组产生的旋转磁通势大小和转速都相等时，即认为两相绕组与三相绕组是等效的，这就是 3/2 变换。

两个匝数相等、相互正交的绕组 d 和 q，分别通以直流电流，产生一个位置相对绕组来说固定的合成磁通势 $\boldsymbol{F}$；如果人为地让包含两个正交绕组在内的铁芯以同步转速旋转，磁通势 $\boldsymbol{F}$ 就成为了以同步速度旋转的旋转磁通势[2]。如果这个旋转的磁通势与固定交流绕组所产生的旋转磁通势相等，那么这套旋转的直流绕组也就和前面两套固定的交流绕组都等效了，具体的物理模型如图 10.3 所示。

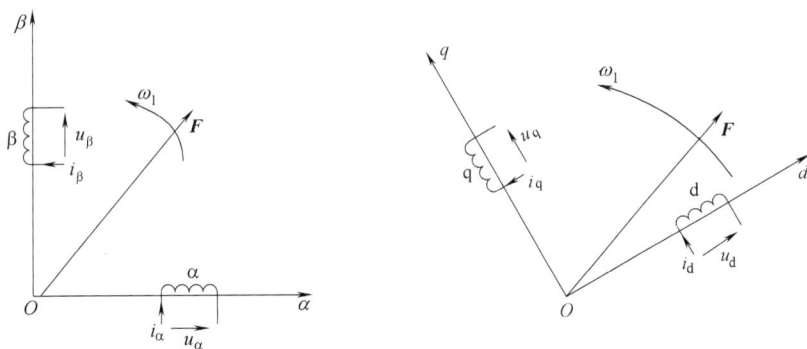

图 10.3　两相静止正交坐标系和旋转正交坐标系的物理模型

当观察者也站到铁芯上和绕组一起旋转时，从观察者角度来说，d 和 q 轴是两个通入直流且相互垂直的静止绕组；如果控制磁通势的空间位置在 d 轴上，那就和直流电机物理模型没有本质上的区别了，这就是 2/2 变换[3]。

（2）坐标变换的公式

按照磁通势相等的等效原则，建立三相坐标系和两相正交坐标系中的磁通势矢量关系，如图 10.4 所示，并可以推导出三相-两相坐标变换的变换矩阵为

$$\begin{bmatrix} i_\alpha \\ i_\beta \end{bmatrix} = \sqrt{\frac{2}{3}} \begin{bmatrix} 1 & -\dfrac{1}{2} & -\dfrac{1}{2} \\ 0 & \dfrac{\sqrt{3}}{2} & -\dfrac{\sqrt{3}}{2} \end{bmatrix} \begin{bmatrix} i_A \\ i_B \\ i_C \end{bmatrix} \tag{10.1}$$

两相静止正交坐标系到旋转两相正交坐标系的磁通势矢量如图 10.5 所示，对应的变换矩阵为[4]

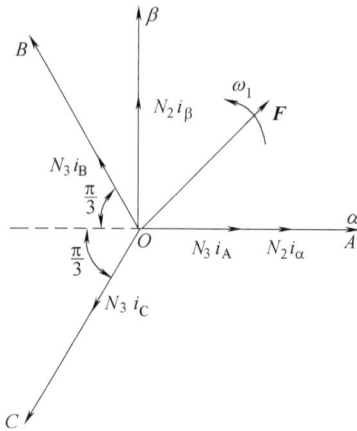

图 10.4　三相坐标系和两相静止正交坐标系中的磁通势矢量

$$\begin{bmatrix} i_{\mathrm{d}} \\ i_{\mathrm{q}} \end{bmatrix} = \begin{bmatrix} \cos\varphi & \sin\varphi \\ -\sin\varphi & \cos\varphi \end{bmatrix} \begin{bmatrix} i_{\alpha} \\ i_{\beta} \end{bmatrix} \tag{10.2}$$

其中，角度 φ 为 d 轴和 α 轴的夹角。

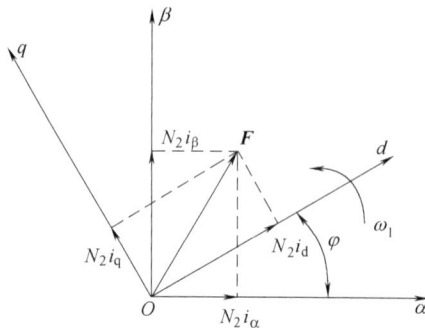

图 10.5　两相静止正交坐标系和旋转正交坐标系中的磁通势矢量

（3）坐标变换的结果

将一个三相对称信号 [如图 10.6 (a) 所示] 经过式 (10.1) 和式 (10.2) 所示的坐标变换后，分别如图 10.6 (b) 和图 10.6 (c) 所示。可以看到，经过 3/2 变换后，三相对称交流信号变成了两相正交的交流信号；再经过 2/2 变换后，变成了两个正交的直流信号，以这样的正交直流信号为基础再进行控制系统设计，显然是更易获取跟直流电机相媲美的优越性能的。

三　教学反思

三相交流电机的数学模型是非常复杂的，以此为基础想要设计高性能的电机控

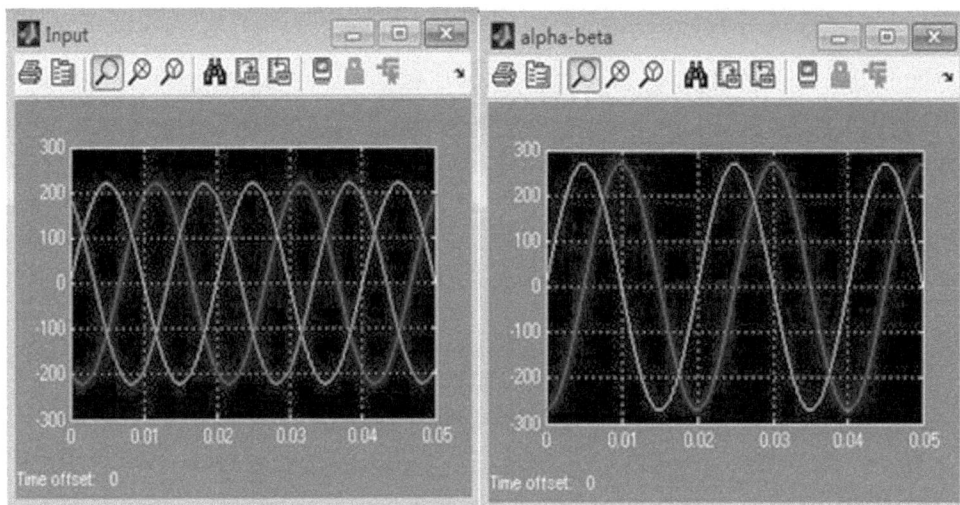

(a) 三相对称信号

(b) 静止正交坐标系两相信号

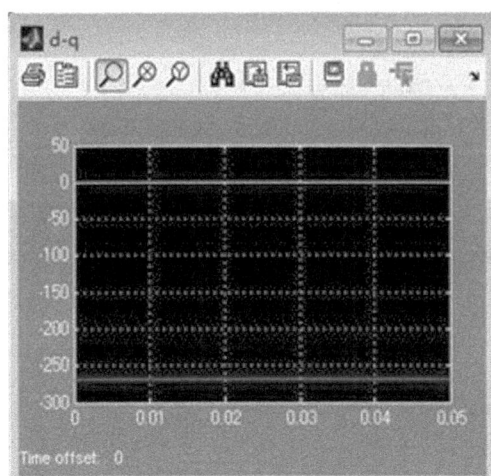

(c) 旋转两相正交坐标系的两相信号

图 10.6　坐标变换的结果对比图

制系统也是不可能的，这也是交流电机出现早于直流电机，但推广应用却晚于直流电机的根本原因[5]。随着科学技术的不断发展，科学家们将辩证思维引入到了交流电机模型的简化中，基于数学和物理知识，发明了从三相静止交流坐标系转换为两相静止正交交流坐标系，进而到两相旋转正交的直流坐标系的坐标变换，从而为交流电机的高性能控制提供了可能。我们在学习、科研的过程中，也要多思考，充分认识事物的两面性，使辩证思维得到实际的应用。

参考文献

[1] 王步来，顾伟，褚建新，等. 双三相异步电动机的建模和仿真研究 [J]. 电机与控制学报，2008（06）：56-59, 64.

[2] 王立，祖龙启，唐树森. 变频器——三相异步电动机调速系统的计算机辅助设计方法 [J]. 大连工业大学学报，2002，21（3）：211-213.

[3] 方攸同，陆俭国，魏世泽，等. 基于随机算法的三相异步电动机全局优化 [J]. 中国电机工程学报，2000，20（5）：18-21.

[4] 常鲜戎，樊尚，科康波，等. 三相异步电机新模型及其仿真与实验 [J]. 中国电机工程学报，2003（08）：140-145.

[5] 蒋玲，洪亮. 三相异步电动机模型预测直接转矩控制方法研究 [J]. 机电信息，2020（29）：7-10.

第三节 可持续发展——变频空调

一 知识点与对应的思政元素

变频调速是交流电机的主要调速方式之一，目前在电机调速中应用极为广泛。变频技术分为基频以下的恒压频比调速与基频以上的调速，在学习三种不同的恒压频比调速的原理和机械特性时，学生不仅需要掌握具体的工作原理及控制方式，更需了解变频技术在电力电子变换和工业生产中的应用现状，提升科技强国、节能环保的意识。

二 课程思政教学案例

（1）变频调速的原理

由于直流电机的机械特性具有线性特点，具有优异的调速性能[1]，但其结构复杂，电刷需要定期更换且限制了电机的容量；而交流电机虽然结构简单、成本更低，但其动态数学模型具有非线性、多变量、强耦合的性质，比直流电机复杂很多，因此，二十世纪八十年代以前，几乎所有高性能调速的场合都采用直流电机。随着二十世纪后半叶电力电子技术和微电子技术的迅猛发展，带动了新一代交流调速系统的兴起与发展，使得交流电机也具备线性的调速性能，从而打破了直流调速系统一统高性能拖动天下的格局。

由于交流电机的同步转速 n_1 与电源的频率 f 成正比，改变电源频率就可以改变同步转速并调节交流电机的实际转速，因此变频调速成为交流调速的一种主要方法。在交流调速的过程中，为了保持电机的带载能力，最好能保持电机的磁通量恒定，这样即可保持输出最大转矩不变。根据电源决定磁通量原则和 4.44 公式[2]，要保持磁通量恒定需要对电源电压 U_s 和频率 f 进行同步控制。因此，在基频 f_{1N} 以下调速时，需要同时调节电源电压和频率，称之为恒压频比控制，也就是变压变频调速。而在基频以上调速时，由于电源电压不能超过额定电压，因此，只能单独调节电源频率，这种方式会导致电机的磁通量减小，本质上属于弱磁调速。图 10.7 是异步电动机变压变频调速的控制特性曲线。由图可见，在基频以下属于恒转矩调速，在基频以上属于恒功率调速。

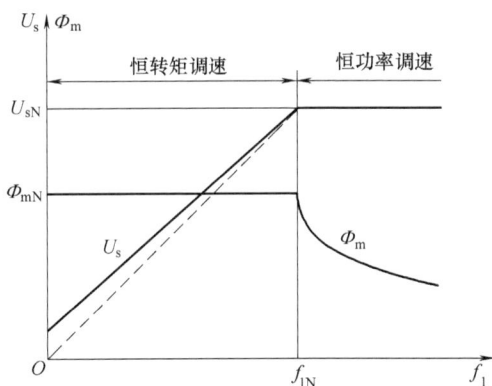

图 10.7　异步电动机变压变频调速的控制特性曲线

（2）三种变频变压控制方法与机械特性[3]

基频以下的恒压频比控制能保持最大输出转矩几乎恒定，是一种较为理想的工作状态。根据图 10.8 异步电动机的 T 型等效电路和电动势可知，实际中有 E_s/f、E_g/f

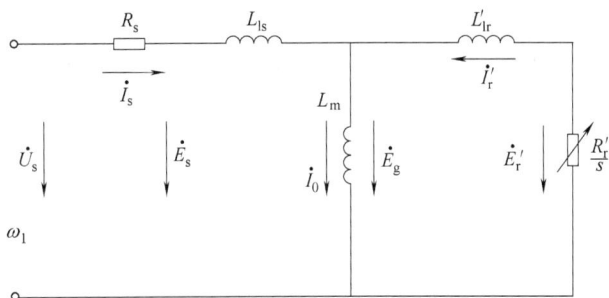

图 10.8　异步电动机等效电路和感应电动势

和 E_r'/f 恒定的三种恒压频比控制方式。而实际中，只有电源电压是可以直接测量和控制的，其它感应电动势则是需要根据电路模型和参数进行计算才能得到，导致这种控制方法在早期很难实现。随着控制理论、微电子技术的迅速发展，这些快速分析计算都很容易实现，因此，变压变频调速才成为现实。这也造就了美的空调一晚一度电的现象级技术创新，为节能环保、可持续发展做出了重要贡献。

图 10.9 给出了异步电动机在四种不同变压变频控制方式下的机械特性。图中 a 为恒压频比控制，b 为恒定子磁通量控制，c 为恒气隙磁通量控制，d 为恒转子磁通量控制。

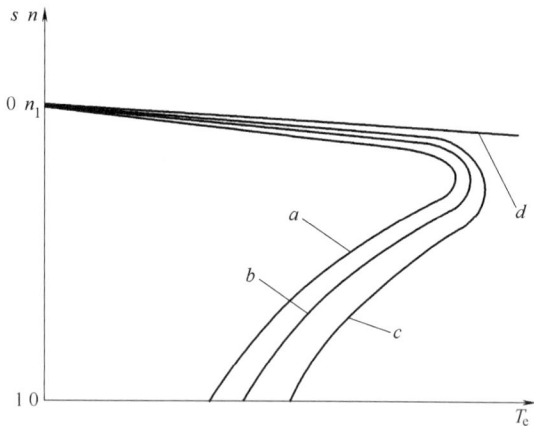

图 10.9　异步电动机在不同控制方式下的机械特性

① 保持定子磁通量 Φ_{ms} 恒定、E_s/f=常数。

由于定子电动势 E_s 不好直接控制，能够直接控制的只有定子电压 U_s，补偿定子电阻压降，就能够得到恒定子磁通量。由于两者的相量差为定子电阻压降，只要恰当地提高定子电压，以补偿定子电阻上的压降，就可以保持 E_s/f=常数，从而保持定子磁通量恒定。据此推导出电磁转矩的表达式，如式（10.3）所示。

$$T_e=3n_p\left(\frac{E_s}{\omega_1}\right)^2\times\frac{s\omega_1 R_r'}{R_r'^2+s^2\omega_1^2\left(L_{ls}'+L_{lr}'\right)^2} \tag{10.3}$$

将电磁转矩对转差率求导，可以计算出临界转差率和临界转矩的值，恒定子磁通量控制的临界转差率和临界转矩均大于恒压频比控制方式，其机械特性也比恒压频比控制方式的机械特性更硬。根据上面公式画出其机械特性曲线，如图 10.9 中的曲线 b 所示。

② 保持气隙磁通量 Φ_m 恒定、E_g/f=常数。

为了保持气隙磁通量恒定，需要保持 E_g/f=常数。此时，除了补偿定子电阻压降外，还应补偿定子漏抗压降。可推导出电磁转矩的表达式，如式（10.4）所示。

$$T_e = 3n_p \left(\frac{E_g}{\omega_1} \right)^2 \times \frac{s\omega_1 R_r'}{R_r'^2 + s^2 \omega_1^2 L_{lr}'^2} \tag{10.4}$$

将电磁转矩对转差率求导，可以计算出临界转差率和临界转矩的值，发现与恒定子磁通量控制方式相比较，恒气隙磁通量控制方式的临界转差率和临界转矩更大，机械特性更硬。根据上面公式画出其机械特性曲线，如图10.9中的曲线 c 所示。

③ 保持转子磁通量 Φ_{mr} 恒定、$E_r'/f=$ 常数。

为了保持转子磁通量恒定，需要保持 $E_r'/f=$ 常数。此时，除了补偿定子电阻压降外，还应补偿定子和转子漏抗压降。可推导出电磁转矩的表达式，如式（10.5）所示。

$$T_e = \frac{3n_p}{\omega_1} \times \frac{E_r^2}{\left(\frac{R_r'}{s} \right)^2} \times \frac{R_r'}{s} = 3n_p \left(\frac{E_r}{\omega_1} \right)^2 \times \frac{s\omega_1}{R_r'} \tag{10.5}$$

该式表明，保持转子磁通量恒定时异步电动机的电磁转矩 T_e 和转差率 s 成正比，意味着其机械特性完全是一条直线。换言之，异步电动机此时也获得和直流电动机一样的线性机械特性，这正是高性能交流变频调速所要求的稳态性能。根据上面式子画出其机械特性曲线，如图10.9中的曲线 d 所示。

将图10.9的四种不同控制方式的机械特性曲线进行比较，显而易见，保持转子磁通量恒定时的机械特性最优。这表明，当异步电动机采用变压变频技术时，不仅获得了和直流电动机一样的线性机械特性，而且其结构简单、低成本、易维护等优势也变得更加显著，因此，就开始逐步改变直流调速一统天下的格局。

（3）变频技术的典型应用：美的变频空调

空调一直都是家电产品的耗能大户，空调的大范围使用将成为中国能源消耗和温室气体排放的一个重要因素，提高空调的能效水平将有利于我国"节能减排"目标的实现。与定频空调频繁开关压缩机不同，变频空调的节能效果之所以突出，是因为它能根据室内温度变化调整压缩机的转速。当室温达到设定温度之后，压缩机以能够维持这一温度的较低功率工作[4]。

美的全直流变频空调一天待机耗电低至 0.1W，较待机功率为 2W 的普通空调省电很多；由于采用国家专利的精控技术，美的全直流变频空调实现 0.1Hz 超低频运行，功率也降至20W，开创超级省电运行新纪元；其次，美的空调将全直流精控技术发挥到极致，实现正负 0.1℃ 恒温精控，让消费者感受更舒适的空调生活[5]。

"一晚一度电"节能科技的实现，是美的空调制冷系统能效水平和变频精确控制能力都达到顶尖水平之后再深度结合的结晶，为消费者带来全面升级的极致舒适体验，为行业树立了产品标杆、节能标杆和技术标杆，也持续引导空调产业的升级发展方向。2015 年初，美的空调凭借"房间空气调节器节能关键技术研究及产业化"项目成功斩获"国家科技进步二等奖"，该奖项也是国家对美的空调"节能减排"卓越贡献的表彰。

三 教学反思

变频技术是交流电机调速的重要控制方式，在开展课程思政教学时要注意：①恒转子磁通量控制方式如何使得异步电动机获得线性机械特性，激发学生的学习兴趣，引导学生明确学习目标，立志成为新时代高技能人才和大国工匠。②通过美的空调的案例，引导学生关注电力拖动技术如何推动国民经济的发展，鼓励学生关注自主研发、智能制造等国之大计，培养学生的爱国情怀。

参考文献

[1] 张燕宾. 变频调速应用实践 [M]. 北京：机械工业出版社，2001.

[2] 徐甫荣，陈辉明. 高压变频调速技术应用现状与发展趋势 [J]. 变频器世界，2007（04）：61-67.

[3] 王坤，王义兵，鄢进冲，等. 交流电机变压变频调速系统控制方式的分析 [J]. 电工技术，2017（08）：53-56.

[4] 消费者报道. 变频空调测试：美的省电欠佳一晚一度电难实现 [EB/OL].

[5] 新浪家居. 美的空调一晚一度电 ECO 模式实现"使用节能" [EB/OL].

第四节 卓越人物——陈伯时教授

一 知识点与对应的思政元素

电力电子与电力传动是电气工程专业的一个重要二级学科，主要研究新型电力电子器件、电能的变换与控制、功率源、电力传动及其自动化等理论技术和应用。相对于蒸汽机、柴油机、汽油机，使用电动机的电力拖动系统具有能量传递方便、节能环保、信号传递迅速、标准化程度高、易于实现自动化等显著优势。在介绍运动控制系统组成的同时，引导学生学习陈伯时教授在电力拖动技术方面所做出的杰出贡献，学习其育德树人、学无止境、爱国敬业的奉献精神。

二 课程思政教学案例

（1）运动控制系统的组成

电力传动也称为电力拖动，是指以电动机为原动机拖动生产机械运动的一种拖动方式。电力拖动自动控制系统-运动控制系统的功能是通过控制电动机的电压、电流、频率等输入量，来调节工作机械的转矩、速度、位移等机械量，使各种机械按照人类期望的方式运行，满足不同生产工艺及其它应用的需要。运动控制系统主要由电动机及负载、功率放大与变换装置、控制器及相应的信号处理与传感器等构成[1]，其结构如图 10.10 所示。

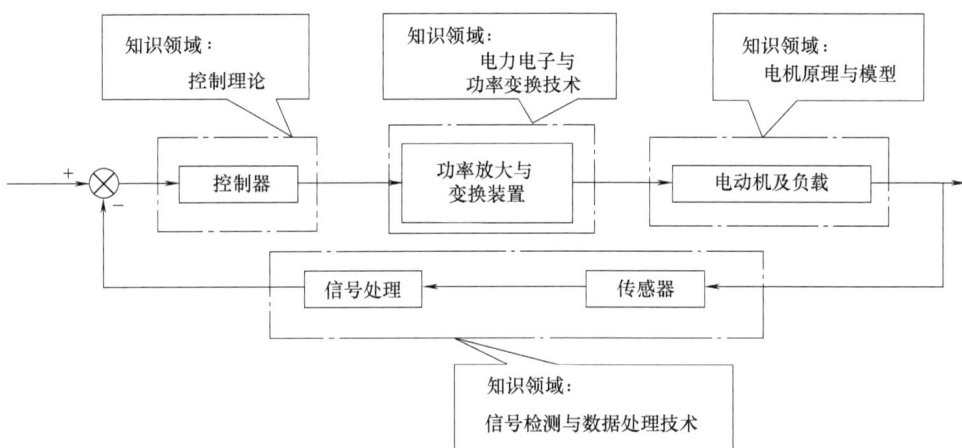

图 10.10　运动控制系统的组成

运动控制系统的工作原理是：将给定控制信号与检测反馈回来的信号进行比较，将偏差量输入到控制器，根据特定的控制策略产生对应的输出控制信号，再对其进行功率放大和变换后，直接输出到控制对象电动机上，调节其输出转速、转矩、位移等参数。

电机本身的机械特性会主导其输出机械参数的性能，而控制策略则会进一步优化控制的精度和带载能力等。通过信号检测和反馈实现了闭环控制，可以大幅度提高运动控制系统的调速精度等调速性能，实现自动控制、故障检测与自动保护等功能，满足不同应用场合对运动控制系统的控制要求。

（2）电力传动及其自动化学科创始人——陈伯时

19 世纪才发明的电动机现在已经进入到我们生活中的方方面面，如电梯、电动汽车、电风扇、电动牙刷、电钻等。一个国家的经济发展水平和其用电量成正比，电力系统所输出的电能有三分之二是被各种各样的电机给消耗掉。因此，电机控制与电力拖动技术极大地影响着经济发展水平。新中国建立初期，我国的自动控制和电力传动全靠苏联专家指导，后来靠着陈伯时、钟兆琳等老一辈著名专家在艰难的时代背景下长期潜心钻研和默默奉献，培养出一大批人才，让我国的电力电子与电力拖动技术走在国际前列，为我国工业发展的现代化建设和高层次人才培养做出了突出贡献。

① 理论联系实际，自编精品教材。

1952—1953 年，陈伯时在哈尔滨工业大学电机系研究生期间学习了由苏联专家讲授的电力传动控制和自动控制原理两门独立的课程，后来在实际工程项目中遇到控制系统的动态问题时，发现当时掌握的控制理论并不能够解决。陈伯时意识到不是理论不对，而是理论与实际脱节。他决心在讲课和编写讲义时把控制理论和实际系统结合起来，应用控制理论解决实际系统的问题，并萌生了在中国开拓电力传动及其自动化学科的想法。1963 年，陈伯时自编讲义给本科生讲述了自动化控制这门课。1981 年，以直流传动控制系统为主的《自动控制系统》作为高校本科教材正式出版[2]，并被越来越多的院校师生采用，受到广大师生的欢迎。1992 年第 2 版的《电力拖动自动控制系统》[3]又加入了交流调速的内容，此后又有了第 3 版、第 4 版和第 5 版，历经二十余年一直都是本科首选教材。

1983 年，陈教授调到上海工大，先后申请了电力传动及其自动化专业的硕士点和博士点。就这样，这个学科在上海工大这片年轻的沃土上创建起来了[4]。

② 治学严谨，立德树人。

陈教授著书极其严谨，自己没搞清楚的问题绝不会写在书上，他努力把知识用生动的语言讲透，使之好懂。他谈到，编写教材要遵循两个规律，一个是学术本身的科学规律，一个是学习者由浅入深、由低到高的认识规律；同时，一定要将重点概念归纳明确，需要时可以巧用比喻。回忆起自己五十年的从教经历，陈教授认为最重要的是在传授学生专业知识的同时，培养学生的道德观和社会责任感，让学生成为德才兼备的优秀公民。而在学生学习专业知识的同时，还要引领他们具有正确的思想方法。正如陈教授所言："学生要有一个正确的思想方法，才能使科学研究走在正确的道路上。"陈教授带博士生极为严格，当年，湖南大学的一位本科生成绩优异，原本可以在本校直升研究生，却慕陈伯时教授之名而要来上海大学，按照惯例，直升是只保送本校不保送外校学生的，陈教授了解到这个学生的潜力以后，据理力争，这名学生才得以来到上海成为陈教授的学生，后来又获得硕博连读的机会。三年后，这名学生顺利完成了博士论文，又在实际工作中锻炼了一年，最终提前毕业。陈教授在长达五十多年的教学生涯中，为我国培养了一大批电力电子与电力传动的专业人才，其主编的《电力拖动自动控制系统》也一直被奉为电气工程专业教材中的圭臬。

③ 与时俱进，学无止境。

2019 年陈伯时教授接受采访时说："知识是不断更新的，每天都要学新的东西。我现在 91 岁了，还在学呢！"陈教授这么说，也是这么做的，在陈教授接受访谈之前，他还在看一位清华大学电机系教授最近出版的新书。问渠那得清如许？为有源头活水来。学习已经成了陈教授的一种习惯，没有办法停止。在他看来，作为教师，必须根据实践的不断发展去更新自己的知识，要与时俱进，才能保证教给学生的知识是有用的、符合实际发展的，才能带领学生做好学术工作。和其他所有学科一样，电力传动及其自动化这门学科也随着实践而不断发展。

三　教学反思

在陈伯时教授身上，我们看到了身为人师的钻研和奉献精神，更看到了学习对于专业人才的重要性[5]。虽然我国的科技水平已经是突飞猛进，但是离发达国家还有明显的距离，在很多方面仍然会被"卡脖子"。漫漫强国路，吾辈当自强！但愿我们都学习陈教授的奉献精神，厚积薄发、为国出力！

参考文献

[1] 阮毅，杨影，陈伯时. 电力拖动自动控制系统-运动控制系统［M］. 北京：机械工业出版社，2016.

[2] 陈伯时. 自动控制系统［M］. 北京：机械工业出版社，1981.

[3] 陈伯时. 电力拖动自动控制系统［M］. 北京：机械工业出版社，1992.

[4] 中国传动网. 最美不过夕阳红——专访陈伯时教授［EB/OL］.

[5] 上海大学党委教师工作部. 陈伯时：钻研担使命，教诲育良才［EB/OL］.

附录

上海理工大学2019级 电气工程及其自动化 专业培养计划

培养计划阅读指南

一　关于"培养计划"

① 培养计划是专业人才培养工作的总体设计和实施方案，是组织教育教学过程、进行教学改革的主要依据。学生必须根据培养计划中的某一个专业要求选修、学习规定课程，达到培养计划额定学分以上者方能毕业。

② 由于社会进步及知识更新等原因，培养计划在执行过程中会进行微调，学生应于每学期网上选课开始前（具体时间以网上预先通知为准）登录教务管理系统（http://jwgl.usst.edu.cn），适时查询调整后的课程设置及其要求。

二　关于"学年与学期"

① 本科基本学制四年，分为 8 个长学期、6 个短学期，依次为：

第一学年：第 1 学期、（寒假）、第 2 学期、短 1、（暑假）；

第二学年：短 2、第 3 学期、（寒假）、第 4 学期、短 3、（暑假）；

第三学年：短 4、第 5 学期、（寒假）、第 6 学期、短 5、（暑假）；

第四学年：短 6、第 7 学期、（寒假）、第 8 学期。

（具体参见每学年本科教学日历表）

长学期指每年的春季学期（即，第 2、4、6、8 学期）与秋季学期（即，第 1、3、5、7 学期），每个长学期 18 周，其中 16 周授课，2 周考试；短学期指每年暑假前后各 2 周，即，短 1、短 2、……、短 6，一般用于集中的实践教学或科研训练。短学期的课程一般不单独选课，暑假前的短学期课程与春季长学期课程一同选课，暑假后的短学期课程与秋季长学期课程一同选课，例如：短 1 的课程与第 2 学期的课程一起进行选课，短 2 的课程与第 3 学期的课程一起选课，以此类推。

② "建议修读学期"是学校与学院根据各课程之间的修读前后顺序与学期课程修读均衡性而设定的建议性修读安排。"可修读学期"是该课程的开设学期时间范围。学生可遵照"建议修读学期"来修读课程，也可在"可修读学期"内自主安排，但需提前修读某门课程时，应事先查询该课程的教学大纲（可通过教务处网站 http://jwc.usst.edu.cn 查询，点击左列第三行"培养计划"—"教学大纲"进入），确定该课程的前修课程是否已经修读。

三　关于"课程分类"

培养计划中课程按其性质及设置目标的不同，分为通识教育课程、学科基础课程、专业课程和任选课程 4 个大类别。

①"通识教育课程"着重于学生全面素质的提高，特别是为学生了解历史、理解社会、认识世界、训练多种思维方式提供宽广的教育平台，有利于形成均衡的知识结构；全校所有本科专业均需修读"通识教育课程"，其授课时间安排以第一学年为主，个别课程会延续至第七学期。

②"学科基础课程"着重于建立本专业所在学科宽厚的知识基础，拓宽专业知识面，打下学生日后学业发展所需的理论基石；"学科基础课程"按学校划分的学科大类设置（参见内文及各本科专业计划中的指定归属），以基础性和公共性兼顾为设置原则，实现同一学科大类中不同专业基础课程的互通交叉；其授课时间安排以第二学年为主，个别课程有前伸至第一学年者。

③"专业课程"着重于培养学生在某一个应用知识领域里扎实的专业知识以及动手能力、创新技能；"专业课程"一般安排在第三、第四学年。

④"任选课程"着重于培养学生的自主学习能力，无特定指向。学生可根据自己的兴趣、爱好，自主设计修读课程；课程选择对象可以是校内开设的所有本科课程，培养计划中"通识教育课程""学科基础课程""专业课程"等各类别课程中多修的学分，均可计入任选课程学分。

（四） 关于"代码与名称"

① 课程代码是区分不同课程的唯一标识，培养计划及教学管理系统数据库中的所有课程代码均由 8 位阿拉伯数字构成，课程代码左起第 3 位为"0"的课程表示理论类课程，为"1"的表示实践类课程。

② 课程名称后有阿拉伯数字（如 1、2 等）的，表示同一门课程分成若干部分，安排在多个学期开设，一般应按顺序依次修读。

③ 课程名称后有大写英文字母（如 A、B 等）的，表示课程内容相近、修读学分要求不同的课程集合，一般只需选择其中一门修读即可。

④ 课程名称相同（相近），但课程代码不同者，视作不同课程；修读同一课程代码对应课程所取得的学分，不予重复计算。

（五） 关于"课程中心"

"课程中心"（http://cc.usst.edu.cn）是上海理工大学本科大部分理论课程及部分实践课程授课内容和参考资料的综合性资源共享中心，对校内外均实行无条件限制的全开放模式。学生选课之前可以先登录课程中心，借此了解预选课程的师资、内容、方式及特色等信息，便于选择自己更中意的课程（个别网上课程与学生选课系统数据库里面的名称不完全一致，相似内容可作参考）。

（六）其他

关于培养计划的其他专业、学术性细节问题，学生则须咨询专业所在学院，由各专业负责人（即计划制订者）负责解释。

通识教育课程

课程组		课程代码	课程名称	学分	总学时	考核方式	建议修读学期	可修学期	要求学分	备注
			通识-公共核心类							
思政类	I	39000030	思想道德修养与法律基础	3.0	48	考查	1—4	1—6	16	
		39000050	中国近现代史纲要	3.0	48	考查	1—4	1—6		
		39000040	马克思主义基本原理概论	3.0	48	考查	1—4	1—6		
		39000060	毛泽东思想和中国特色社会主义理论体系概论（Ⅰ）	2.0	32	考查	1—4	1—6		
		39000070	毛泽东思想和中国特色社会主义理论体系概论（Ⅱ）	3.0	48	考查	1—4	1—6		
		39000010	形势与政策（Ⅰ）	1.0	16	考查	1	1—7		
		39000020	形势与政策（Ⅱ）	1.0	16	考查	2	1—7		
军体类	I	41000010	军事理论	1.0	36	考查	1	1	2.5	
		41100010	军训	1.0	2 周	考查	1	1		
		31000050	学生体质健康标准测试	0.5				1—7		
	II		体育类课程	4.0	128	考查	1—4	1—4	4	注1
外语类	I	15005170	大学英语（1）	3.0	64	考试	1	1—4	8	注2
		15004960	大学英语（2）	3.0	64	考试	1/2	1—4		
		15004970	交互实用英语	1.0	32	考试	1/2/3	1—6		
		15004980	交互综合英语	1.0	32	考试	1/2/3/4	1—6		
		15004990	学术英语读写	3.0	64	考试	2/3/4	2—6		
		15005000	学术英语听说	1.0	32	考查	3/4	3—7		
		15004650	跨文化交际	2.0	32	考查	3/4	3—7		
	II 国际生课程	25000290	高级汉语听说Ⅰ	1.0	32	考查	1	1—6		
		25000270	高级汉语读写Ⅰ	3.0	64	考查	2	1—6		
		25000300	高级汉语听说Ⅱ	1.0	32	考查	3	1—6		
		25000280	高级汉语读写Ⅱ	3.0	64	考查	4	1—6		

续表

课程组	课程代码	课程名称	学分	总学时	考核方式	建议修读学期	可修学期	要求学分	备注
计算机基础类	12002000	程序设计及实践（C）	3.0	48	考试	2	2—6		
	12001740	程序设计及实践（JAVA）	3.0	48	考试	2	2—6		
	12004060	Python 程序设计	3.0	48	考试	2	2—6	3	
	12004100	数据科学通识导论	3.0	48	考查	2	2—6		
	12004090	计算机网络技术	3.0	48	考查	2	2—6		
	12001750	信息系统与数据库技术及实践	3.0	48	考查	2	2—6		
通识-综合素养类									
综合素养类	创新思维与创业实践	工程创新及实践	2.0			短1（机械类）		4	注3
		创新创业大作业	2.0						
		创新创业类课程	2.0						
	人文经典与文化传承						1—7	4	
	艺术修养与审美体验						1—7	2	
	全球视野与文明对话						1—7	2	
	科学探索与持续发展	科学与工程伦理	1.0				1—7	2	
		其他							

注:

1. "军体类"课程目录见附表。

2. "外语类"通识教育课程修读办法:

① 非外语类专业学生"英语类"通识教学模块要求学分为 8 学分。

② 非外语类专业学生入学时根据分级考试成绩按 3 个学习起点进行课程修读。3 个学习起点为:"大学英语（1）""大学英语（2）""'交互实用英语'和'交互综合英语'"。

a. 学习起点为"大学英语（1）"的学生须在 1—4 学期按照"大学英语（1）""大学英语（2）""交互实用英语""交互综合英语"的顺序修读,不得自行跳读。

b. 学习起点为"大学英语（2）"的学生须在 1—4 学期按照"大学英语（2）""交互实用英语""交互综合英语""学术英语读写"的顺序修读,不得自行跳读。

c. 学习起点为"'交互实用英语'和'交互综合英语'"的学生须在 1—4 学期按照"'交互实用英语'和'交互综合英语'""学术英语读写""学术英语听说""跨文化交际"的顺序修读,不得自行跳读。

③ 外语专业（英语、日语、德语）和中外合作专业学生无"语言类"通识教育课程学分要求。

④ "语言类"课程组Ⅱ为国际学生必修课程组,仅面向国际学生开放。学生需依次修读"高级汉语听说Ⅰ""高级汉语读写Ⅰ""高级汉语听说Ⅱ"及"高级汉语读写Ⅱ"。

3. "综合素养类"课程修读办法:

① "综合素养类"课程要求学分为 14 学分。

② 机械类（工科实验班）在"创新思维与创业实践"模块必修"创新创业大作业"和"工程创新及实践",完成 4 学分要求。

③ 其他工学专业在"创新思维与创业实践"模块必修"创新创业大作业"和"创新创业类课程"，完成 4 学分要求。

④ 其他专业在"创新思维与创业实践"模块必修 2 学分的"创新创业类课程"，另任选其他课程，完成 4 学分要求。

⑤ 国际学生在"人文经典与文化传承"模块必修 2 学分的"中国概况"，另任选其他课程，完成 4 学分要求。

⑥ 全部学生在"科学探索与持续发展"模块必修 1 学分的"科学与工程伦理"课程，再在模块下任选 1 学分，完成 2 学分要求。

学科基础课程（大类阶段）

电子信息类（工科实验班，28.5 学分）

课程组	课程代码	课程名称	学分	总学时	建议修读学期	考核方式	要求学分
1 大类基础理论	22000210	高等数学 A(1)	6.0	96	1	考试	26
	22000220	高等数学 A(2)	6.0	96	2	考试	
	22000622	线性代数 B	2.0	32	2	考试	
	22000050	大学物理 A(1)	4.0	64	2	考试	
	14003060	工程制图(1)	2.0	32	1	考试	
	12002050	电路原理	4.0	64	2	考试	
	12004460	工程学导论(2 组)	1.0	16	1	考查	
	12004470	信息智能与物联网技术	1.0	16	2	考查	
		小计	26				
2 大类基础实践	12101000	电路原理实验	0.5	16	2	考查	2.5
	12100710	程序设计课程设计(C)	2.0	2 周	短 1	考查	
		小计	2.5				

电气工程及其自动化（1408）

制定：蒋全　　　审核：钱炜　　　审批：张华

一　培养目标

本专业培养"工程型、创新性、国际化"的电气工程及其自动化领域的复合型人才，可胜任电气工程、能源技术等领域的科学研究、技术开发、生产制造或经营

管理等工作,满足国家和长三角区域经济社会发展对新工科的需求。具体目标包括:

① 能综合运用工程数理知识和电气工程专业知识,提出、分析和解决所在领域的复杂工程问题;

② 能跟踪电气工程及其相关领域的前沿技术,创新性地运用现代工具从事相关产品的设计、开发和生产,并具有工程项目的管理能力;

③ 理解并遵守职业操守,熟知工程规范,在工程实践中能综合考虑法律、环境和可持续发展等因素的影响;

④ 能开展多学科、跨文化的技术交流,具备团队协作、沟通和表达能力;

⑤ 具有国际视野,在终身学习、专业发展方面表现出担当和进步。

本专业主要特色是:强电与弱电结合、软件与硬件结合、部件与系统结合,多学科交叉。毕业生掌握的知识与能力具有"厚基础、宽口径、重实践"的特点,具备很快适应实际生产或科研工作要求的优势。

二 毕业要求

① 工程知识:能够将数学、自然科学、工程基础和专业知识用于解决电气工程领域中的复杂工程问题。

② 问题分析:能够应用数学、自然科学和工程科学的基本原理,识别、表达,并通过文献研究分析电气工程领域中的复杂工程问题,以获得有效结论。

③ 设计/开发解决方案:能够设计针对电气工程领域中的复杂工程问题的解决方案,设计满足特定需求的系统、单元(部件)或工艺流程,并能够在设计环节中体现创新意识,考虑社会、健康、安全、法律、文化以及环境等因素。

④ 研究:能够基于科学原理并采用科学方法对电气工程领域中的复杂工程问题进行研究,包括设计实验、分析与解释数据,并通过信息综合得到合理有效的结论。

⑤ 使用现代工具:能够针对电气工程领域中的复杂工程问题,开发、选择与使用恰当的技术、资源、现代工程工具和信息技术工具,包括对电气工程领域中的复杂工程问题的预测与模拟,并能够理解其局限性。

⑥ 工程与社会:能够基于电气和电力工程相关背景知识进行合理分析,评价电气工程专业工程实践和复杂工程问题解决方案对社会、健康、安全、法律以及文化的影响,并理解应承担的责任。

⑦ 环境和可持续发展:能够理解和评价针对电气工程领域中复杂工程问题的工程实践对环境、社会可持续发展的影响,了解国家对于相关方面的方针、政策和法规。

⑧ 职业规范：具有人文社会科学素养、社会责任感，能够在电气和电力工程实践中理解并遵守工程职业道德和规范，履行责任。

⑨ 个人和团队：能够在电气工程、计算机、自动化等多学科背景下的课程实验与课程设计团队中承担个体、团队成员以及负责人的角色，并具备良好的团队协作精神。

⑩ 沟通：能够就电气工程领域中的复杂工程问题与业界同行及社会公众进行有效沟通和交流，包括撰写报告和设计文稿、陈述发言、清晰表达或回应指令，并具备一定的国际视野，至少掌握一门外语，能够在跨文化背景下进行沟通和交流。

⑪ 项目管理：理解并掌握电气与电力工程管理原理与经济决策方法，并能在多学科环境中应用。

⑫ 终身学习：具有自主学习和终身学习的意识，有不断学习和适应电气工程专业领域发展的能力。

修满培养计划规定的 178 学分方能毕业。

三　核心课程

工程电磁场、自动控制原理、单片机原理、信号与系统、电机学、电力电子技术、电力系统自动化、电机控制与电力拖动。

四　学制与学位

基本学制四年，按照学分制管理，实行弹性学习年限（最长六年）。

授予工学学士学位。

五　课程设置及学分要求（共 178 学分）

（一）通识教育课程（47.5 学分）

学生应在通识教育课程中修满 47.5 学分。

（二）学科基础课程（65.5 学分）

课程组	课程代码	课程名称	学分	总学时	建议修读学期	考核方式	要求学分
大类阶段(电子信息类, 1—2 学期, 28.5 学分)							
1 大类基础理论	22000210	高等数学 A(1)	6.0	96	1	考试	26
	22000220	高等数学 A(2)	6.0	96	2	考试	
	22000622	线性代数 B	2.0	32	2	考试	
	22000050	大学物理 A(1)	4.0	64	2	考试	

续表

课程组	课程代码	课程名称	学分	总学时	建议修读学期	考核方式	要求学分
1 大类基础理论	14003060	工程制图(1)	2.0	32	1	考试	26
	12002050	电路原理	4.0	64	2	考试	
	12004460	工程学导论(2组)	1.0	16	1	考查	
	12004470	信息智能与物联网技术	1.0	16	2	考查	
		小计	26				
2 大类基础实践	12101000	电路原理实验	0.5	16	2	考查	2.5
	12100710	程序设计课程设计(C)	2.0	2周	短1	考查	
		小计	2.5				
专业阶段(3—4学期，37学分)							
3 学科基础理论	22000060	大学物理A(2)	4.0	64	3	考试	13
	22000172	概率论与数理统计B	3.0	48	3	考试	
	22000141	复变函数与积分变换A	3.0	48	4	考试	
	14003280	工程电磁场	3.0	48	3	考试	
		小计	13				
4 专业基础理论	12002500	模拟电子技术	4.0	64	3	考试	16
	12002070	数字电子技术	3.0	48	4	考试	
	12002940	单片机原理	3.0	48	4	考试	
	12000731	信号与系统	3.0	48	4	考试	
	12000862	自动控制原理	3.0	48	4	考试	
		小计	16				
5 基础实践	22100040	大学物理实验(1)	0.5	18	3	考查	4
	22100050	大学物理实验(2)	0.5	20	4	考查	
	12101010	模拟电子技术实验	0.5	18	3	考查	
	12101020	数字电子技术实验	0.5	18	4	考查	
	12100700	单片机原理实验	0.5	16	4	考查	
	14101520	工程电磁场实验	0.5	16	3	考查	
	12100240	信号与系统实验	0.5	16	4	考查	
	12100300	自动控制原理实验	0.5	16	4	考查	
		小计	4				
6 实践	34100012	金工实习B	2.0	2周	4	考查	4
	12102660	工程认识实习	1.0	1周	短2	考查	
	12101470	电子实习A	1.0	1周	短2	考查	
		小计	4				

（三）专业课程（61 学分）

课程组	课程代码	课程名称	学分	总学时	建议修读学期	考核方式	要求学分
1 专业核心	14003290	电机学	3.0	48	5	考试	12
	14003300	电力电子技术 A	3.0	48	5	考试	
	14003310	电力系统分析	3.0	48	6	考试	
	14003320	电机控制与电力拖动	3.0	48	6	考试	
		小计	12				
2 专业拓展课程	12000131	传感器技术 A	3.0	48	5	考试	15
	12003250	DSP 原理及应用 A	3.0	48	5	考试	
	12003780	PLC 技术	3.0	48	6	考试	
	12003790	继电保护	3.0	48	6	考试	
	14003330	质量管理 A	2.0	32	6	考查	
	14003340	电气工程专业英语	1.0	16	7	考查	
		小计	15				
3 专业选修	14002960	电磁兼容理论及应用 A	2.0	32	5	考试	7
	12101700	电磁兼容理论及应用实验	0.5	16	5	考查	
	14002950	开关电源 A	2.0	32	6	考试	
	12102400	开关电源实验	0.5	16	6	考查	
	14002980	新能源与并网 A	2.0	32	6	考试	
	12102420	新能源与并网实验	0.5	16	6	考查	
	14003350	电能质量	2.0	32	6	考试	
	14101620	电能质量实验	0.5	16	6	考查	
	14003370	EDA 技术及其仿真	2.0	32	7	考试	
	14003380	系统仿真技术 A	2.0	32	7	考试	
		小计	14				
4 专业实践与毕业设计	14101530	电机学实验	0.5	16	5	考查	27
	12102330	电力电子技术实验	0.5	16	5	考查	
	14101540	电力系统分析实验	0.5	16	6	考查	
	14101550	电机控制与电力拖动实验	0.5	16	6	考查	
	12101430	传感器原理实验	0.5	16	5	考查	
	12101680	DSP 原理及应用实验	0.5	16	5	考查	
	12102380	PLC 技术实验	0.5	16	6	考查	
	12102390	继电保护实验	0.5	16	6	考查	
	14101560	电气创新综合专题	1.0	1 周	短 5	考查	
	14101630	专业综合技能实习	2.0	2 周	短 6	考查	
	12102710	电气工程师实训	2.0	2 周	7	考查	
	14101570	电机学综合专题	2.0	2 周	7	考查	
	14101580	电力电子技术综合专题	2.0	2 周	7	考查	
	14101590	电力系统分析综合专题	2.0	2 周	7	考查	
	14101600	电机控制与电力拖动综合专题	2.0	2 周	7	考查	
	14101610	毕业设计	10.0	14 周	8	考查	
		小计	27				

（四）任选课程（4学分）

附表1：

"通识-军体类"课程目录

序号	课程代码	课程中文名称	学分	总学时	课程类别	课程归属	开课部门名称
1	31100610	导引养生(1)	1.0	32	体育类课程	通识-军体类	体育教学部
2	31100620	导引养生(2)	1.0	32	体育类课程	通识-军体类	体育教学部
3	31100630	导引养生(3)	1.0	32	体育类课程	通识-军体类	体育教学部
4	31100640	导引养生(4)	1.0	32	体育类课程	通识-军体类	体育教学部
5	31100570	旱地冰球(1)	1.0	32	体育类课程	通识-军体类	体育教学部
6	31100580	旱地冰球(2)	1.0	32	体育类课程	通识-军体类	体育教学部
7	31100590	旱地冰球(3)	1.0	32	体育类课程	通识-军体类	体育教学部
8	31100600	旱地冰球(4)	1.0	32	体育类课程	通识-军体类	体育教学部
9	31100370	健美操(女)(1)	1.0	32	体育类课程	通识-军体类	体育教学部
10	31100380	健美操(女)(2)	1.0	32	体育类课程	通识-军体类	体育教学部
11	31100390	健美操(女)(3)	1.0	32	体育类课程	通识-军体类	体育教学部
12	31100400	健美操(女)(4)	1.0	32	体育类课程	通识-军体类	体育教学部
13	31100330	健美运动(男)(1)	1.0	32	体育类课程	通识-军体类	体育教学部
14	31100340	健美运动(男)(2)	1.0	32	体育类课程	通识-军体类	体育教学部
15	31100350	健美运动(男)(3)	1.0	32	体育类课程	通识-军体类	体育教学部
16	31100360	健美运动(男)(4)	1.0	32	体育类课程	通识-军体类	体育教学部
17	31100250	空手道(1)	1.0	32	体育类课程	通识-军体类	体育教学部
18	31100260	空手道(2)	1.0	32	体育类课程	通识-军体类	体育教学部
19	31100270	空手道(3)	1.0	32	体育类课程	通识-军体类	体育教学部
20	31100280	空手道(4)	1.0	32	体育类课程	通识-军体类	体育教学部
21	31100010	篮球(1)	1.0	32	体育类课程	通识-军体类	体育教学部
22	31100020	篮球(2)	1.0	32	体育类课程	通识-军体类	体育教学部
23	31100030	篮球(3)	1.0	32	体育类课程	通识-军体类	体育教学部
24	31100040	篮球(4)	1.0	32	体育类课程	通识-军体类	体育教学部
25	31100650	美式腰旗橄榄球(男)(1)	1.0	32	体育类课程	通识-军体类	体育教学部
26	31100660	美式腰旗橄榄球(男)(2)	1.0	32	体育类课程	通识-军体类	体育教学部
27	31100670	美式腰旗橄榄球(男)(3)	1.0	32	体育类课程	通识-军体类	体育教学部
28	31100680	美式腰旗橄榄球(男)(4)	1.0	32	体育类课程	通识-军体类	体育教学部
29	31100050	排球(1)	1.0	32	体育类课程	通识-军体类	体育教学部
30	31100060	排球(2)	1.0	32	体育类课程	通识-军体类	体育教学部
31	31100070	排球(3)	1.0	32	体育类课程	通识-军体类	体育教学部
32	31100080	排球(4)	1.0	32	体育类课程	通识-军体类	体育教学部
33	31100090	乒乓球(1)	1.0	32	体育类课程	通识-军体类	体育教学部

序号	课程代码	课程中文名称	学分	总学时	课程类别	课程归属	开课部门名称
34	31100100	乒乓球(2)	1.0	32	体育类课程	通识-军体类	体育教学部
35	31100110	乒乓球(3)	1.0	32	体育类课程	通识-军体类	体育教学部
36	31100120	乒乓球(4)	1.0	32	体育类课程	通识-军体类	体育教学部
37	31100410	柔力球(女)(1)	1.0	32	体育类课程	通识-军体类	体育教学部
38	31100420	柔力球(女)(2)	1.0	32	体育类课程	通识-军体类	体育教学部
39	31100430	柔力球(女)(3)	1.0	32	体育类课程	通识-军体类	体育教学部
40	31100440	柔力球(女)(4)	1.0	32	体育类课程	通识-军体类	体育教学部
41	31100970	体育竞赛2	1.0	32	体育类课程	通识-军体类	体育教学部
42	31100980	体育竞赛3	1.0	32	体育类课程	通识-军体类	体育教学部
43	31100990	体育竞赛4	1.0	32	体育类课程	通识-军体类	体育教学部
44	31100890	田径训练课（1）	1.0	32	体育类课程	通识-军体类	体育教学部
45	31100900	田径训练课（2）	1.0	32	体育类课程	通识-军体类	体育教学部
46	31100910	田径训练课（3）	1.0	32	体育类课程	通识-军体类	体育教学部
47	31100920	田径训练课（4）	1.0	32	体育类课程	通识-军体类	体育教学部
48	31100930	田径训练课（5）	1.0	32	体育类课程	通识-军体类	体育教学部
49	31100940	田径训练课（6）	1.0	32	体育类课程	通识-军体类	体育教学部
50	31100950	田径训练课（7）	1.0	32	体育类课程	通识-军体类	体育教学部
51	31100960	田径训练课（8）	1.0	32	体育类课程	通识-军体类	体育教学部
52	31100130	网球(1)	1.0	32	体育类课程	通识-军体类	体育教学部
53	31100140	网球(2)	1.0	32	体育类课程	通识-军体类	体育教学部
54	31100150	网球(3)	1.0	32	体育类课程	通识-军体类	体育教学部
55	31100160	网球(4)	1.0	32	体育类课程	通识-军体类	体育教学部
56	31100170	武术(1)	1.0	32	体育类课程	通识-军体类	体育教学部
57	31100180	武术(2)	1.0	32	体育类课程	通识-军体类	体育教学部
58	31100190	武术(3)	1.0	32	体育类课程	通识-军体类	体育教学部
59	31100200	武术(4)	1.0	32	体育类课程	通识-军体类	体育教学部
60	31100450	形体芭蕾(女)(1)	1.0	32	体育类课程	通识-军体类	体育教学部
61	31100460	形体芭蕾(女)(2)	1.0	32	体育类课程	通识-军体类	体育教学部
62	31100470	形体芭蕾(女)(3)	1.0	32	体育类课程	通识-军体类	体育教学部
63	31100480	形体芭蕾(女)(4)	1.0	32	体育类课程	通识-军体类	体育教学部
64	31100490	艺术体操(女)(1)	1.0	32	体育类课程	通识-军体类	体育教学部
65	31100500	艺术体操(女)(2)	1.0	32	体育类课程	通识-军体类	体育教学部
66	31100510	艺术体操(女)(3)	1.0	32	体育类课程	通识-军体类	体育教学部
67	31100520	艺术体操(女)(4)	1.0	32	体育类课程	通识-军体类	体育教学部

序号	课程代码	课程中文名称	学分	总学时	课程类别	课程归属	开课部门名称
68	31100750	英式触式橄榄球(1)	1.0	32	体育类课程	通识-军体类	体育教学部
69	31100760	英式触式橄榄球(2)	1.0	32	体育类课程	通识-军体类	体育教学部
70	31100770	英式触式橄榄球(3)	1.0	32	体育类课程	通识-军体类	体育教学部
71	31100780	英式触式橄榄球(4)	1.0	32	体育类课程	通识-军体类	体育教学部
72	31100530	瑜伽(女)(1)	1.0	32	体育类课程	通识-军体类	体育教学部
73	31100540	瑜伽(女)(2)	1.0	32	体育类课程	通识-军体类	体育教学部
74	31100550	瑜伽(女)(3)	1.0	32	体育类课程	通识-军体类	体育教学部
75	31100560	瑜伽(女)(4)	1.0	32	体育类课程	通识-军体类	体育教学部
76	31100210	羽毛球(1)	1.0	32	体育类课程	通识-军体类	体育教学部
77	31100220	羽毛球(2)	1.0	32	体育类课程	通识-军体类	体育教学部
78	31100230	羽毛球(3)	1.0	32	体育类课程	通识-军体类	体育教学部
79	31100240	羽毛球(4)	1.0	32	体育类课程	通识-军体类	体育教学部
80	31100690	足球(1)	1.0	32	体育类课程	通识-军体类	体育教学部
81	31100700	足球(2)	1.0	32	体育类课程	通识-军体类	体育教学部
82	31100710	足球(3)	1.0	32	体育类课程	通识-军体类	体育教学部
83	31100740	足球(4)	1.0	32	体育类课程	通识-军体类	体育教学部
84	31100810	足球训练课（1）	1.0	32	体育类课程	通识-军体类	体育教学部
85	31100820	足球训练课（2）	1.0	32	体育类课程	通识-军体类	体育教学部
86	31100830	足球训练课（3）	1.0	32	体育类课程	通识-军体类	体育教学部
87	31100840	足球训练课（4）	1.0	32	体育类课程	通识-军体类	体育教学部
88	31100850	足球训练课（5）	1.0	32	体育类课程	通识-军体类	体育教学部
89	31100860	足球训练课（6）	1.0	32	体育类课程	通识-军体类	体育教学部
90	31100870	足球训练课（7）	1.0	32	体育类课程	通识-军体类	体育教学部
91	31100880	足球训练课（8）	1.0	32	体育类课程	通识-军体类	体育教学部
92	31101000	高水平田径（1）	1.0	32	体育类课程	通识-军体类	体育教学部
93	31101010	高水平田径（2）	1.0	32	体育类课程	通识-军体类	体育教学部
94	31101020	高水平田径（3）	1.0	32	体育类课程	通识-军体类	体育教学部
95	31101030	高水平田径（4）	1.0	32	体育类课程	通识-军体类	体育教学部
96	31101040	高水平足球（1）	1.0	32	体育类课程	通识-军体类	体育教学部
97	31101050	高水平足球（2）	1.0	32	体育类课程	通识-军体类	体育教学部
98	31101060	高水平足球（3）	1.0	32	体育类课程	通识-军体类	体育教学部
99	31101070	高水平足球（4）	1.0	32	体育类课程	通识-军体类	体育教学部

附表 2：

"通识–综合素养类"课程目录

序号	课程归属	课程中文名称	学分	总学时	备注
1	创新思维与创业实践	创新创业大作业	2.0	32	工学专业必修，以认定方式获得学分
2	创新思维与创业实践	工程创新及实践	2.0	32	机械大类必修
3	创新思维与创业实践	三维打印技术与材料	2.0	32	
4	创新思维与创业实践	能源与环境创新创业实训	2.0	32	
5	创新思维与创业实践	企业创新实践	2.0	32	
6	创新思维与创业实践	大学生创业案例研究	2.0	32	
7	创新思维与创业实践	创业沙盘模拟经营实训	2.0	32	
8	创新思维与创业实践	机器人创新设计	2.0	32	
9	创新思维与创业实践	大学生创新实验技能培养	2.0	32	
10	创新思维与创业实践	现代生物技术及应用	2.0	32	
11	创新思维与创业实践	医疗及康复器械结构创新设计基础	2.0	32	
12	创新思维与创业实践	智能机器人创新设计	2.0	32	
13	创新思维与创业实践	大学生领导力实训(求职能力)	2.0	32	
14	创新思维与创业实践	大学生领导力实训(沟通与表达能力)	2.0	32	
15	创新思维与创业实践	大学生领导力实训(决策能力)	2.0	32	
16	创新思维与创业实践	移动 UI 设计应用基础	2.0	32	
17	创新思维与创业实践	全国计算机等级考试 Excel 高级	2.0	32	
18	创新思维与创业实践	SolidWorks 三维结构设计	2.0	32	
19	创新思维与创业实践	数学建模竞赛与实训	2.0	32	
20	创新思维与创业实践	CFD 数值建模实训	2.0	32	
21	人文经典与文化传承	《诗经》导读	2.0	32	
22	人文经典与文化传承	《论语》导读	2.0	32	
23	人文经典与文化传承	《庄子》导读	2.0	32	
24	人文经典与文化传承	《史记》导读	2.0	32	
25	人文经典与文化传承	杜甫导读	2.0	32	
26	人文经典与文化传承	《资治通鉴》导读	2.0	32	
27	人文经典与文化传承	《红楼梦》导读	2.0	32	
28	人文经典与文化传承	鲁迅导读	2.0	32	
29	人文经典与文化传承	钱钟书作品导读	2.0	32	
30	人文经典与文化传承	中国古代思想的智慧	2.0	32	
31	人文经典与文化传承	历史叙事与人生智慧	2.0	32	
32	人文经典与文化传承	道家与中国文化	2.0	32	

续表

序号	课程归属	课程中文名称	学分	总学时	备注
33	人文经典与文化传承	国史概要	2.0	32	
34	人文经典与文化传承	中国古典诗词艺术	2.0	32	
35	人文经典与文化传承	唐诗宋词元曲品读	2.0	32	
36	人文经典与文化传承	文学与人生	2.0	32	
37	人文经典与文化传承	侠与中国文化	2.0	32	
38	人文经典与文化传承	中国现当代戏剧经典	2.0	32	
39	人文经典与文化传承	汉字与中国文化	2.0	32	
40	人文经典与文化传承	中国概况（仅限留学生）	2.0	32	
41	艺术修养与审美体验	西方古典音乐	2.0	32	
42	艺术修养与审美体验	交响乐十讲	2.0	32	
43	艺术修养与审美体验	流行音乐概论	2.0	32	
44	艺术修养与审美体验	世界民族音乐	2.0	32	
45	艺术修养与审美体验	当代影视音乐文化	2.0	32	
46	艺术修养与审美体验	中国民族民间音乐	2.0	32	
47	艺术修养与审美体验	音乐剧艺术	2.0	32	
48	艺术修养与审美体验	音乐基础知识与理论	2.0	32	
49	艺术修养与审美体验	历代书论导读	2.0	32	
50	艺术修养与审美体验	中国书法史	2.0	32	
51	艺术修养与审美体验	书法美学	2.0	32	
52	艺术修养与审美体验	敦煌的艺术	2.0	32	
53	艺术修养与审美体验	大美国画	2.0	32	
54	艺术修养与审美体验	中外美术史	2.0	32	
55	艺术修养与审美体验	艺术实践1	2.0	32	
56	艺术修养与审美体验	艺术实践2	2.0	32	
57	艺术修养与审美体验	艺术实践3	2.0	32	
58	艺术修养与审美体验	艺术实践4	2.0	32	
59	艺术修养与审美体验	艺术实践5	2.0	32	
60	艺术修养与审美体验	艺术实践6	2.0	32	
61	全球视野与文明对话	全球化与当代世界政治经济	2.0	32	
62	全球视野与文明对话	国际经济学	2.0	32	
63	全球视野与文明对话	国际热点问题研究	2.0	32	
64	全球视野与文明对话	二十世纪的世界	2.0	32	
65	全球视野与文明对话	欧洲文明的历程	2.0	32	
66	全球视野与文明对话	欧洲史	2.0	32	
67	全球视野与文明对话	日本历史与文化	2.0	32	

续表

序号	课程归属	课程中文名称	学分	总学时	备注
68	全球视野与文明对话	美国历史与文化	2.0	32	
69	全球视野与文明对话	美国文化概览	2.0	32	
70	全球视野与文明对话	现代中外关系	2.0	32	
71	全球视野与文明对话	近代中西思想文化交流	2.0	32	
72	全球视野与文明对话	传媒文化与当代社会	2.0	32	
73	全球视野与文明对话	中外文化十讲	2.0	32	
74	全球视野与文明对话	文物中的中国与世界	2.0	32	
75	全球视野与文明对话	中外建筑史	2.0	32	
76	全球视野与文明对话	世界经济概论	2.0	32	
77	全球视野与文明对话	国际贸易与实务	2.0	32	
78	全球视野与文明对话	国际金融	2.0	32	
79	全球视野与文明对话	法律与当代社会	2.0	32	
80	全球视野与文明对话	法律与生活	2.0	32	
81	科学探索与持续发展	科学与工程伦理	1.0	16	必修
82	科学探索与持续发展	自然与环境	2.0	32	
83	科学探索与持续发展	环境生态学	2.0	32	
84	科学探索与持续发展	人工智能与当代社会	2.0	32	
85	科学探索与持续发展	新能源技术与环境	2.0	32	
86	科学探索与持续发展	材料科学与社会	2.0	32	
87	科学探索与持续发展	改变世界的物理	2.0	32	
88	科学探索与持续发展	物理学史与物理学方法论	2.0	32	
89	科学探索与持续发展	食品安全漫谈	2.0	32	
90	科学探索与持续发展	科学技术史专题	2.0	32	
91	科学探索与持续发展	数据的背后	2.0	32	
92	科学探索与持续发展	化学与人类生活	2.0	32	
93	科学探索与持续发展	环境灾害与启示	2.0	32	
94	科学探索与持续发展	营养与健康	2.0	32	
95	科学探索与持续发展	校园安全与防范	2.0	32	
96	科学探索与持续发展	环境污染与健康	2.0	32	
97	科学探索与持续发展	大学生健康教育	2.0	32	
98	科学探索与持续发展	基因的奥秘	2.0	32	
99	科学探索与持续发展	大学生心理学	2.0	32	
100	科学探索与持续发展	大学生个人发展规划	2.0	32	

注：具体开课信息以每学期选课期间教务信息网站公布的课程信息为准。